CONFESSIONS

Œuvres de Patrick Poivre d'Arvor

Mai 68, Mai 78, Seghers, 1978, essai.
Les Enfants de l'aube, Lattès, 1982, roman.
Deux amants, Lattès, 1984, roman.
La Traversée du miroir, Balland, 1986 et 2002, roman.
Les Derniers Trains de rêve, Le Chêne, 1986, essai.
Rencontres, Lattès, 1987, essai.
Les Femmes de ma vie, Grasset, 1988, essai.
L'Homme d'image, Flammarion, 1992, essai.
Lettres à l'absente, Albin Michel, 1993, récit.
Les Loups et la bergerie, Albin Michel, 1994, roman.
Elle n'était pas d'ici, Albin Michel, 1995, récit.
Anthologie des plus beaux poèmes d'amour, Albin Michel, 1995, essai.
Un héros de passage, Albin Michel, 1996, roman.
Lettre ouverte aux violeurs de vie privée, Albin Michel, 1997, essai.
Une trahison amoureuse, Albin Michel, 1997, roman.
Petit homme, Albin Michel, 1999, roman.
L'Irrésolu, Albin Michel, 2000, roman, Prix Interallié.
Un enfant, Albin Michel, 2001, roman.
J'ai aimé une reine, Fayard, 2003, roman.
La Mort de Don Juan, Albin Michel, 2004, roman, Prix Maurice Genevoix.

Avec Éric Zemmour

Les Rats de garde, Stock, 2000, essai.

Avec Yann Arthus-Bertrand

Une France vue du ciel, La Martinière, livre illustré (à paraître).

Avec Olivier Poivre d'Arvor

Le Roman de Virginie, Balland, 1985, roman.
La Fin du monde, Albin Michel, 1998, roman.
Courriers de nuit, Mengès, 2002, livre illustré.
Coureurs des mers, Mengès, 2003, livre illustré.
Frères et sœur, Balland, 2004, récit.
Pirates et corsaires, Mengès, 2004, livre illustré.
La Légende de Mermoz et de Saint-Exupéry, Mengès, 2004, essai.
Rêveurs des mers, Mengès, 2005, essai.
Les Aventuriers du ciel, Albin Michel Jeunesse, 2005.
Chasseurs de trésors et autres flibustiers, Mengès, livre illustré (à paraître).

Patrick Poivre d'Arvor

Confessions

conversations avec Serge Raffy

Fayard

C'était il y a un quart de siècle, en 1981. Je débarquais dans le grand paquebot de la télévision publique, rue Cognacq-Jay. Adresse mythique. Ruche bourdonnante, un peu effrayante pour un jeune journaliste venu du quotidien Libération. *C'était une drôle d'époque. Après sa victoire, le pouvoir socialiste avait imposé l'embauche d'un quota de journalistes de gauche, communistes ou socialistes. Quota : quel mot terrible pour notre profession !*

Je ne faisais pas partie de ces recrues encartées. Malgré mon image « gauchiste », « ex-de Libé *», un temps passé aux Jeunesses communistes, je n'étais d'aucun clan ni d'aucun parti. J'avais la prétention d'être uniquement journaliste. À* Antenne 2, *j'ai pu ainsi observer les ambitions, les querelles, les jeux de pouvoir, les pressions au sommet. Le jeune novice que j'étais n'en menait pas large. Je découvrais la toute-puissance politique du journal du soir, le « 20 heures ». Cette grand'messe qui, croyait-on encore en ce début des années 80, faisait* *ou défaisait les gouvernements. Un peu perdu, isolé, je me sentais comme un intrus. Sans appui, sans parrain, je m'attelai néanmoins à ma tâche de reporter au service « Informations générales ». À plusieurs reprises, je refusai d'orienter mes reportages dans le sens voulu par mes chefs, consistant à faire endosser à la droite défaite la pleine responsabilité de l'état de la France.*

Moi, le « gauchiste », je me retrouvais curieusement en accord avec les prises de position d'un certain Patrick Poivre d'Arvor qui revendiquait haut et fort l'indépendance de la rédaction. Au tout début, il m'intriguait. Pour moi comme pour tant d'autres, il était un « rescapé de l'Ancien Régime ». Et puis, peu à peu, mon regard a évolué. Dans le travail quotidien, je découvrais un homme infiniment plus libre que bien des journalistes liés au « nouveau pouvoir ». Il restait le leader de la rédaction, incontournable et omniprésent. Pourtant, il émanait de lui une forme de timidité et de pudeur qui collait mal à son image de mousquetaire de l'info.

Alors que j'étais tout juste arrivé au journal, un jour, en fin d'après-midi, dans la plus parfaite discrétion, quand personne ne m'avait encore adressé la parole, la « star », à ma grande surprise, est venue saluer le « nouveau » que j'étais. Il m'a souhaité la bienvenue. Mieux : j'ai pu vérifier qu'il avait lu mes articles dans Libération. *Il ajouta que si j'avais besoin de quoi que ce soit, il était à ma disposition, son bureau était grand ouvert. Geste confraternel ? Courtoisie élémentaire ? Moment assez rare, dans notre métier, pour être signalé. Et qui est resté bien gravé dans ma mémoire. Depuis lors, j'ai suivi l'itinéraire hors du commun de l'« animal médiatique ».*

PPDA est un cas. Il a réchappé à toutes les tempêtes, à tous les complots, à tous les coups du sort, même les plus tragiques. Il dure au sommet avec la souplesse du roseau. L'homme plie mais ne rompt pas. Son ami, le réalisateur communiste Raoul Sangla, dit de lui qu'il est une « icône électroménagère ». Depuis que Dan Rather a quitté CBS au bout de vingt-quatre ans de présentation, il est devenu à son tour un personnage historique : cette année, il aura battu le record de longévité de son confrère d'outre-Atlantique. Vingt-cinq ans ! Cinq quinquennats !

Ses détracteurs sont rarement des gens qui ont travaillé avec lui, partagé sa passion de l'information avec, certes, ses lacunes, ses limites, ses excès, ses dérives, aussi, comme tous les journalistes en ont vécu. Ils n'ont pas eu le loisir de le voir improviser les journaux télévisés quand il remplaçait au pied levé, une heure avant le JT, un collègue défaillant. À cet instant, rien ne laissait transparaître la moindre tension, la plus petite perte de contrôle. L'artiste était aux commandes. Porté par ce moment cathartique, étrange et magique, qui met soudain en communication un être avec des millions d'autres.

Cette communion, comparable à celle d'un acteur avec son public, agit forcément comme une thérapie. Elle suscite un besoin forcené de plaire, d'exister, de durer. PPDA a ce désir-là chevillé au corps. Dans ce sens, il est un personnage éminemment romanesque. Voire romantique. Donc profondément humain.

Durant toutes ces années dans l'audiovisuel public, je l'ai côtoyé, jaugé, apprécié. Puis nos routes professionnelles se sont éloignées. Je l'ai croisé de nouveau alors que je travaillais au Nouvel Observateur, *cette fois dans des circonstances plus délicates. Chef du service « Investigations », j'enquêtais sur l'affaire Botton. Un moment particulièrement douloureux pour lui. Il était sur un champ de tir, dans le rôle de la cible. Certains journaux avaient allègrement tenté de massacrer l'idole. Sans connaître les dessous de l'histoire que je présentai plus tard, dans un livre intitulé* Monsieur Gendre[1], *comme une vengeance*

1. *Monsieur Gendre*, Fayard, 1995.

politique le visant exclusivement. Tel était, en tout cas, l'aboutissement de mon travail. Cette conclusion ne fut jamais reprise par la presse. Comme si l'icône ne méritait pas un peu d'équité ou à tout le moins de compassion.

Nous n'en avons jamais parlé avant cette série d'entretiens. En le sollicitant pour ce livre, j'avais envie de faire le point sur ce dossier qui, à l'époque, avait tant défrayé la chronique. Au fil de notre dialogue, nous avons pu ainsi, dix ans après, reconstituer un puzzle de cette vendetta politique au cours de laquelle il avait été, à mon sens, injustement cloué au pilori. À ma grande surprise, jamais il n'avait cherché à utiliser mon travail, durant toute cette période, pour se défendre, comme s'il préférait laisser la fatalité faire son œuvre.

Et puis survint la fameuse affaire Castro, la « vraie-fausse » interview du Líder maximo. *Là encore, nos routes, sans que nous ne le sachions ni l'un ni l'autre, s'étaient croisées. Je dois l'avouer : je suis un peu à l'origine des turbulences qui ont, un temps, secoué sa carrière.*

C'est un reportage que j'avais réalisé à Cuba, puis qui avait été diffusé au « 20 heures » de la Cinq, *présenté alors par Guillaume Durand, qui provoqua le petit séisme qui suivit. Explication :*

j'avais filmé pour la première fois à Regla, dans la banlieue de La Havane, le procès d'un syndicaliste cubain, Rafael Guttierez. Par miracle, j'avais pu sortir les bandes de la grande île. La diffusion exceptionnelle d'images de ce procès sur une chaîne nationale française avait mis Castro hors de lui. Le lendemain, il donnait une conférence de presse à Varadero. À l'issue de cette rencontre avec les journalistes, il devait accorder un entretien particulier, plus long, plus fouillé, à PPDA. Mais, pour châtier la télévision française prise dans son ensemble, Fidel, à l'issue de la conférence de presse, tourna les talons et annula l'interview promise avec le journaliste de TF1.

Plusieurs de mes contacts sur place me confirmèrent que PPDA avait bel et bien questionné, ce jour-là, le dictateur cubain avant son propre entretien en tête à tête. Il le précisa d'ailleurs dans la présentation qu'il fit du « sujet », lors de sa diffusion, quelques jours plus tard. Il n'avait donc pas « triché sur la marchandise », encore moins « bidonné », comme d'aucuns crurent alors devoir l'écrire. Et pourtant, le déchaînement ne put être évité. Certaine presse s'acharna contre lui. Il fallait faire chuter l'icône !

Impliqué directement dans cette histoire, j'ai pu reconstituer, dans la biographie de Fidel Castro[1] *que j'ai écrite en 2003, la genèse de ce pseudo-scandale. Le chapitre consacré à cet épisode rend justice au professionnalisme de Patrick Poivre d'Arvor.*

Là encore, je ne lui en ai pas parlé au fil de toutes ces années, et jamais lui-même n'a utilisé mes découvertes, publiques et incontestées, pour son propre compte afin de se blanchir d'une faute qu'il estime n'avoir pas commise. Il aurait pu le faire. Mais, chez lui, pas question de jouer les victimes. Il n'a pas non plus l'âme vengeresse. Tout juste la curiosité de rencontrer celui qui, sans le vouloir ni le savoir, l'empêcha en l'occurrence de réaliser un bon scoop.

Là encore, la presse a préféré ignorer le déroulement exact des faits. Elle n'a pas jugé bon de reprendre une ligne de mon enquête. Pourquoi réhabiliter l'idole ? Le mal était fait. Mieux valait en rester aux apparences. Et puisque l'homme avait résisté, pourquoi accepter de perdre la face par quelque « repentance » ?

En proposant à PPDA, à l'occasion de ses vingt-cinq ans de JT, de répondre à mes questions, j'avais

---

1. *Castro, l'infidèle*, Fayard, 2003.

une idée derrière la tête : revisiter ces moments de haute tension, comprendre comment un grand journaliste sait accuser les coups avec autant de ferme confiance en soi.

La réponse est simple : en trente ans de métier, que pèsent même deux « loupés » au milieu de tant de réussites, de « directs » aux quatre coins du monde, d'entretiens exclusifs avec tous les grands de la planète ?

Je voulais aussi découvrir derrière l'icône l'homme aux cent visages : le romancier à succès, mais aussi le dévoreur de livres, l'amoureux des écrivains, les illustres et les inconnus, les classiques et les modernes ; le bourlingueur tendance marin breton, toujours en quête d'une île perdue ou d'une aventure nouvelle à collectionner. D'où lui vient cette boulimie ? Où puise-t-il ce besoin frénétique de courir le monde ? Comment expliquer cette insatiable curiosité qu'une extrême exposition à la lumière n'a pas assouvie ?

Pour répondre à ces interrogations, il fallait que l'homme pressé accorde de son temps. Revenir aux sources, à l'histoire personnelle. À l'enfance et à l'adolescence, comme toujours. Au terreau. Il a laissé le champ libre à toutes mes questions. Il ne s'est dérobé à aucune, pas même à celles qui auraient pu le gêner.

Cet entretien-fleuve, pas toujours tranquille, n'a pas la prétention de raconter une vie. C'est un dialogue entre deux journalistes pour qui la vie, quoi qu'il advienne et quelles que soient les ombres qui la traversent, est un roman sans pareil. C'est sans doute aussi pour cette raison que PPDA défend bec et ongles les émissions littéraires à la télévision, les siennes, bien sûr, mais aussi les autres : l'homme d'images est un amoureux des mots. Cette espèce risquant de se faire de plus en plus rare, attachons-nous à la préserver…

S.R.

CHAPITRE PREMIER

SR : Quand on plonge dans vos livres, surtout dans vos romans, on découvre à quel point vos racines familiales ont compté dans votre itinéraire. Un détail m'a beaucoup amusé : vous êtes né sur le coup de 20 heures…

PPDA : Pas tout à fait… Pour être précis, ma mère m'a dit m'avoir mis au monde quelques minutes après huit heures du soir, au dernier jour d'un été d'après guerre. À l'état-civil, mon père a déclaré que j'étais né à huit heures moins dix. En faisant la moyenne, je peux considérer que j'ai vu le jour à l'heure du JT. Mais, ce jour-là, le 20 septembre 1947, il n'y avait pas encore de journal télévisé. Il faudra attendre encore deux ans. Parfois, il m'arrive de sourire de ce hasard singulier. Ainsi, j'aurais été prédéterminé, programmé pour renaître chaque soir dans la petite lucarne au crépuscule, tel un loup-garou !

Le plus souvent, néanmoins, je me gausse de ces petites vanités. La vie n'est qu'une succession de hasards heureux ou malheureux. Bouchon sur l'océan, on est soumis aux mouvements de la mer et du vent. Il n'empêche, si l'heure de ma naissance n'a rien à voir avec ce lien étrange et persistant qui m'attache à la télévision, l'idée me plaît.

SR : Vous êtes né dans une maternité ?

PPDA : Je suis né à domicile, comme on disait à l'époque. Au 12 de la rue Clovis, au pied de la cathédrale de Reims. C'est une sage-femme qui m'a tiré vers la lumière. Mon père, Jacques Poivre, né à Paris, d'ascendance bretonne (du Trégor par sa propre mère), était représentant en chaussures. Ma mère, Madeleine, s'occupait du foyer. Ses parents à elle étaient auvergnats, mais elle est née à Nantes, ville qui se revendique naturellement bretonne. Mes grands-parents maternels étaient tous deux d'origine paysanne.

De mon enfance je garde des souvenirs en pente douce. Une famille unie, une sœur plus jeune, Catherine, joyeuse et volubile, débordante de vitalité. Mon contraire ! J'étais un petit garçon timide, très solitaire, un peu effrayé par le monde extérieur.

Mon père était la plupart du temps sur les routes de France, transportant dans sa DS break une douzaine de valises bourrées de chaussures pour les établissements Labelle dont le siège était à Saint-Pierre-du-Vauvray, dans l'Eure. Les trois régions qu'il sillonnait le plus souvent étaient la Champagne-Ardenne, la Bourgogne et la Franche-Comté. Plus la Meuse. De Commercy il nous rapportait régulièrement des madeleines. Proust a eu les siennes ; chez moi, c'est une nostalgie moins délicate, certes, mais c'est la mienne et j'y tiens beaucoup. Outre le prénom de ma mère, elle me rappelle que mon père travaillait comme un forcené pour nous faire vivre, qu'il était très souvent absent, dévoré par son activité. Son métier, au fond, ne l'intéressait pas, mais, dans les années d'après-guerre, il lui permettait de subvenir dignement à nos besoins.

SR : C'est sans doute à cause de ses longues absences que vous parlez peu de lui dans vos livres, mais beaucoup plus de vos grands-parents ?

PPDA : Dans les familles de l'époque, les grands-parents étaient omniprésents. La mienne n'a pas échappé à cette règle. En 1955 – j'avais alors sept ans –, nous avons déménagé pour nous rapprocher de mes grands-parents maternels. Quand je regarde les choses avec un peu de recul, ce fut sans doute là un des moments-clés de ma vie. Ils habitaient au 22, rue de Talleyrand, au troisième étage d'un immeuble bourgeois du centre de Reims. Nous nous sommes installés juste au-dessus de chez eux.

Mon grand-père, Jean-Baptiste Jeuge, était une personnalité exceptionnelle, un être hors norme à qui je vouais respect, crainte et adoration. Son histoire était romanesque à souhait. Orphelin à l'âge de quatre ans, il n'avait jamais connu son propre père. Sa mère, Marie-Alexandrine, était partie très jeune au Brésil comme préceptrice dans une famille de la bourgeoisie locale. En ces temps-là, les paysannes pauvres qui savaient lire et écrire utilisaient cette filière pour échapper à la misère. Au bout de deux ans à peine, la jeune femme mourut de la fièvre jaune. Resté avec sa propre grand-mère, une femme acariâtre qui ne l'aimait pas, mon grand-père s'est alors enfui de chez lui à l'âge de neuf ans. Il part pour Montluçon, s'embauche dans une manufacture de caoutchouc, puis dans une tannerie, avant de monter à Clermont. Il travaille alors comme relieur et se prend de passion pour les livres, alors qu'il ne sait encore ni lire ni écrire. Il prend des cours du soir pour pouvoir comprendre ce que disent ces étranges objets qu'il habille de cuir.

Aujourd'hui, cette histoire peut paraître extravagante. Comment un enfant de dix ans peut-il survivre, seul, à la fin du dix-neuvième siècle, dans un milieu urbain hostile ? J'étais fasciné par ce récit que j'ai reproduit, avec un décalage de cinquante ans, dans *Un héros de passage*[1]. Mon grand-père se met alors à composer de la poésie. Il se passionne pour Baudelaire, Verlaine, Hérédia. Il présente ses œuvres dans des concours, ce qu'on appelait les « jeux

1. *Un héros de passage*, Albin Michel, 1996.

floraux », selon les us de l'époque. Entouré de livres, il vivait pour eux.

Plus tard, à Reims, il a tenu un magasin qui s'appelait « Le Comptoir du caoutchouc ». L'enfant que j'étais ne pouvait s'empêcher d'y voir un lien avec le Brésil, avec la forêt amazonienne, bien sûr, mais aussi avec cette arrière-grand-mère que son fils n'avait pratiquement pas connue.

Âgé d'une dizaine d'années, j'étais transporté par ce personnage flamboyant qui boitait bas, se passionnait pour la politique, d'orientation plutôt radicale-socialiste, et qui rêvait d'être un grand écrivain. Il avait avec les livres un rapport charnel, très sensuel. Quand je descendais chez lui, j'étais saisi par l'odeur fauve, quasi animale, des reliures. Je me glissais dans cet univers magique avec délice. J'entrais dans une caverne d'Ali Baba faite de mots, d'encre, de cuir et de papier jauni. Sa bibliothèque, un grand mur d'œuvres rares, ressemblait à la façade d'une cathédrale et se dressait devant moi, démesurée, monumentale. Face à elle, j'étais assailli de sentiments mêlés : éblouissement et angoisse. Je me sentais écrasé par la Culture, ce monde inaccessible et envoûtant que je rêvais déjà d'affronter.

Ce sentiment fait de crainte et d'attirance était renforcé par la présence d'une belle et étrange sculpture que je n'ai jamais oubliée : une main noire, apparemment de bronze, d'un peu moins d'un mètre de haut, pointée vers le ciel. L'auteur de cette œuvre était une femme, amie de mon grand-père, laquelle avait tenté de se suicider en se tailladant le poignet. « À Jean d'Arvor qui, lui, comprend la hantise de ma pauvre âme mortelle », avait-elle gravé au bas de cette œuvre troublante. Il y avait ainsi une part de tragique au cœur de cet univers de rêves et d'aventures. J'ai gardé cette image en moi et, désormais, la sculpture campe dans mon bureau. Avec, en arrière-plan, la silhouette magnifique de mon grand-père, l'homme qui avait voulu et su sortir de ses propres ornières.

SR : L'homme qui veut sortir de ses ornières, c'est aussi un peu vous ?

PPDA : Les siennes étaient beaucoup plus bourbeuses ! C'était le rejeton d'une lignée de paysans, même si, tout récemment, un téléspectateur de Montluçon a cherché à me prouver, arbre généalogique à l'appui, qu'il descendait d'un compagnon de Jeanne d'Arc, Raoul de Gaucourt...

En 1957, il fit publier son premier livre à compte d'auteur chez un éditeur de Rodez, Subervie. Son titre : *Poèmes de gloire et de foi.* Il me le dédicaça par ces mots : « À mon petit-fils Patrick, ces écrits qui conviennent à son âge et à sa jeune âme... Qu'il les conserve et les transmette à son tour aux siens comme un legs d'esprit dans sa race. » Il mettait du lyrisme en toutes choses. Il courait les estrades politiques, publiait des tribunes dans les journaux, collaborait notamment au *Travail*, participait aux débats de la Société des gens de lettres, à Paris comme à Reims, et me conseillait dans la rédaction de petits poèmes que j'écrivais pour la fête des mères. Très classique, très rigoureux, il ne tolérait que les alexandrins. J'ai donc, très jeune, vécu les affres du décompte des vers à douze pieds.

Grâce à lui, et aussi à un bouquiniste installé juste en face de chez nous, passage Subé, je me suis jeté corps et âme dans la lecture dès l'âge de huit ans. Les livres étaient mes seuls compagnons, car je n'étais pas un garçon expansif ni très sociable. Lorsque ma mère me donnait quelques francs pour un bon carnet de notes (j'avais sauté la classe de 10e), je me rendais passage Subé et achetais les Livres de poche dans l'ordre de leur parution : à commencer par le numéro un, *Koenigsmark*, de Pierre Benoît. Ensuite vinrent Steinbeck et Hemingway, puis des dizaines d'autres que je dévorais avec une régularité de moine nazaréen. Je vivais dans ce monde imaginaire, à l'écart des autres enfants.

Ma mère s'inquiétait de cette propension à la solitude. Plus tard, elle m'a avoué son anxiété. Alors que j'étais en primaire, à l'école Libergier, elle montait dans le grenier de notre maison de la rue Clovis et, de là, elle pouvait m'observer dans la cour de récréation toute proche. Le spectacle qui s'offrait à sa vue était immuable : j'étais toujours seul alors que mes camarades jouaient à qui mieux mieux autour de moi. J'avais une petite voiture que je faisais rouler des heures durant sur l'arête du mur, à l'ombre de la cathédrale où presque tous les rois de France avaient été sacrés. Cette image aussi reste gravée dans ma mémoire : un garçonnet taciturne, familier de ces lieux habités par des siècles d'Histoire.

C'est à cette même époque que je découvris que d'autres enfants, d'autres adolescents avaient eux aussi, trente ans plus tôt, voulu échapper à leur condition de petits Rémois prédéterminés par leurs origines. Ils se nommaient Roger Vailland, René Daumal, Roger-Gilbert Lecomte. Au collège des Bons Enfants que j'allais fréquenter plus tard, ils avaient fondé une revue, *Le Grand Jeu*, inspirée des surréalistes, qui reste aujourd'hui encore à mes yeux un modèle du genre. Ils étaient jeunes, le monde était à leurs pieds. Par la seule force de l'esprit, ils se sentaient capables de dompter ce qu'ils voulaient. Beaucoup plus tard, en 1945, Roger Vailland décrocha le prix Interallié pour *Drôle de Jeu*, qui est devenu un de mes livres de chevet. Lorsque, cinquante-cinq ans après, on me décerna ce même prix, c'est à lui qu'allèrent mes premières pensées, ainsi qu'au Malraux de *La Voie Royale*, premier Interallié à avoir été décerné, en 1930.

La Voie Royale, *Drôle de Jeu* : ces titres disaient exactement la vie que je voulais mener !

SR : En fait, contrairement à la légende, vos origines ne sont pas du tout aristocratiques ?

PPDA : Le généalogiste dont je vous parlais m'assure que l'un de mes ancêtres fut « *maistre chirurgien apothicaire* » en 1730 ; que, cinq générations plus tôt, à la fin du XVIe siècle, une Anglaise, Elisabeth Bertie, se glissa curieusement dans notre ascendance et que son arrière-grand-père, sous François Ier, fut l'un des meilleurs lieutenants du chef huguenot, le baron des Adrets. Il se nommait Jacques de Changy. C'est sa femme, Françoise de Culant, qui descendait de Gaucourt, le compagnon de Jeanne d'Arc...

Mais j'ai avant tout des racines on ne peut plus terriennes. À chaque fois que je me retourne sur ces années d'enfance, je me souviens de l'odeur des plats auvergnats que confectionnait ma grand-mère Marie. Elle ne lésinait pas sur la crème fraîche. Ses origines paysannes influençaient ses choix culinaires. Elle faisait les meilleurs ris de veau que j'aie jamais mangés. Elle avait aussi un beau tour de main pour les quenelles.

Ma grand-mère Marie me couvait comme un prince. Elle avait de l'ambition pour deux. Elle, la petite campagnarde, voulait que je monte à sa place à Paris pour fréquenter la bonne société.

Elle m'acheta un smoking pour le cas où je serais reçu un jour dans les salons huppés de la capitale. Elle est allée jusqu'à me faire prendre des cours d'équitation pour que je devienne un parfait gentleman.

Le jour de mes dix-sept ans, elle écrivit à deux personnalités parisiennes pour leur signaler ma considérable existence et leur demander pour moi adoubement et protection : François Mitterrand et Valéry Giscard d'Estaing ! À eux et à eux seuls. C'était saugrenu, terriblement affectueux, un peu provincial, mais assez visionnaire. Pour l'anecdote, Mitterrand n'a pas répondu. Giscard, lui, a fait envoyer un courrier par un de ses proches, le futur préfet de région, Charles-Noël Hardy. Paysanne dans l'âme, ma grand-mère Marie devait avoir un sacré sens politique : les deux « correspondants » qu'elle m'avait choisis deviendraient présidents de la République. Mais elle sera morte avant de l'avoir su.

La politique est un monde que je découvris par mon grand-père qui avait l'habitude d'interpeller les puissants et les célébrités à la moindre occasion. Il vouait une vraie passion à Anatole France et pour cette raison prénomma ma mère

Madeleine-France, ainsi qu'à Roland Dorgelès, l'auteur des *Croix de Bois*. Il écrivit plus tard à Léon Blum, président du Conseil à l'époque du Front populaire, et au président de la République, Paul Doumer. Plus audacieux, il s'adressa en haut lieu à trois reprises pendant la dernière guerre pour tenter de sauver l'un de ses amis juifs, le docteur Segal, à qui il avait donné les clés de son appartement, provoquant la réprobation de ses voisins apeurés.

C'était un prince de la rhétorique, à l'ancienne. Il aimait les joutes verbales et aurait bien pu faire une carrière politique si les livres ne lui avaient pris tout son temps. Il débordait d'énergie. Il me paraissait immortel.

Il signait ses livres et ses articles Jean d'Arvor. Quand il est mort, en 1970, j'avais vingt-deux ans. J'ai décidé ce jour-là de porter son nom de plume pour que son souvenir ne disparaisse jamais. Fils de Jacques Poivre, petit-fils de Jean-Baptiste Jeuge, alias Jean d'Arvor, je suis ainsi devenu Patrick Poivre d'Arvor. C'était une manière de rendre hommage à cet aïeul, mais aussi de le faire survivre et de le porter en moi comme un talisman. Il ne m'a jamais plus quitté. Je n'ai adopté officiellement son patronyme qu'il y a quelques mois pour permettre à ma fille Morgane, qui me l'a demandé en embrassant la carrière d'avocat, de porter à son tour ce nom comme un flambeau.

CHAPITRE 2

SR : Une autre surprise, pour moi, est de vous découvrir ancien enfant de chœur. Je ne vous imaginais pas, enfant, porté sur la piété.

PPDA : Ça n'a pas duré longtemps, mais, comme de nombreux adolescents d'avant Mai 68, j'ai eu une période pieuse, quasi mystique. Est-ce la proximité de la cathédrale de Reims qui me portait vers la lecture des Évangiles, ou un besoin d'absolu, ma propre solitude, ou bien encore les qualités humaines de l'aumônier de mon lycée, avec lequel je partageai une retraite pascale, l'année de mes douze ans ? Il s'appelle Bernard Goureau et a concélébré ma communion solennelle à la cathédrale avec son cardinal,

Mgr Marty, futur archevêque de Paris. Puis il a béni mon mariage, a enterré mes deux filles disparues, et n'a pas cessé de rester mon ami.

Je n'ai jamais vraiment su d'où je puisais ma ferveur religieuse d'alors. Peut-être de la lecture de deux poètes que j'aimais beaucoup : Pierre Emmanuel et Patrice de la Tour du Pin ? Mais, très vite, la vie m'a éloigné de ces épanchements de l'âme. La tentation de la dévotion s'est éteinte comme un feu de camp au petit matin. À treize ans, j'ai été atteint d'un début de leucémie. Pour tous, à l'époque, cela signifiait que ma vie ne tenait plus qu'à un fil, à cet équilibre précaire entre les globules blancs et les globules rouges que charriait mon sang. L'annonce d'une pareille nouvelle vous traverse comme un coup de sabre. À l'âge où tout votre être est tourné vers l'avenir, la mort soudain présente, intime, vous assaille. Elle s'installe, coule jusque dans vos veines. Sa présence menaçante vous débarrasse brutalement de votre innocence.

Mes parents m'ont alors envoyé dans les Vosges alsaciennes pendant plus de deux mois. L'air des sommets était censé régénérer mes cellules, c'est du moins ce que les médecins espéraient.

SR : La maladie vous a-t-elle fait grandir trop vite, comme il arrive parfois ?

PPDA : Peut-être. Durant ces jours d'une vie entre parenthèses, j'ai côtoyé le malheur, la douleur aussi. J'ai satisfait ma fringale de lecture avec encore plus de frénésie. Les mots agissaient sur moi comme la meilleure des thérapies. La découverte de Thomas Mann et de sa *Montagne magique* fut pour moi déterminante. Pour la première fois j'avais conscience de ma propre disparition. Cette sensation d'un départ imminent, d'une fin toute proche, rend boulimique de savoirs, de nouveaux paysages, de rencontres. Un adolescent qui doute dévore tout devant lui. Aujourd'hui encore, je reste ce jeune garçon en sursis sur les pentes du ballon d'Alsace. Je crois vraiment que ma vie a basculé et pris forme à ce moment-là.

J'ai abordé ces thèmes dans mon premier livre, *Les Enfants de l'aube*[1], en m'abritant derrière le confort du roman et en essayant de sublimer mes souffrances d'alors. Avant mon

1. *Les Enfants de l'aube*, Lattès, 1982.

séjour dans cet établissement, j'avais eu envie de devenir médecin. Le souvenir du docteur Segal, la fréquentation de notre médecin de famille, le docteur Coffin, m'avaient orienté dans cette voie. Mais, en Alsace, cette vocation m'a abandonné. J'étais désormais habité par une passion insatiable pour les livres, quels qu'ils soient. Mes modèles étaient alors disparates : Chateaubriand, Stendhal, Morand, Claudel, Giraudoux, Saint-John Perse... Tous avaient exercé leur art en gagnant leur vie dans les ambassades. Mon destin était tout tracé : comme eux, je serais diplomate-écrivain.

Pour suivre le chemin tracé par mes illustres prédécesseurs, il fallait que je passe par la case Sciences-Po, à Paris. Quand, de retour d'Alsace, guéri, j'évoquai mon projet à mes parents, ils m'exhortèrent à oublier ces chimères. Ils avaient des ambitions plus réalistes pour leur fils. Pourquoi émigrer vers Paris, ville de tous les dangers, de tous les péchés ? À Reims il y avait une faculté de médecine de qualité. Pour eux, mon chemin passait par là : il fallait que je suive une filière scientifique alors que j'avais des résultats catastrophiques en maths, en physique, en chimie et en sciences naturelles. On aurait donc dû m'orienter vers une section littéraire, mais tel n'était pas le scénario conçu par mes parents, plus pragmatiques que moi. Des études sur place correspondaient mieux à leurs possibilités financières. Ils rêvaient en outre d'avoir un fils docteur. Partir pour Paris, ce lieu de perdition où ils n'avaient aucun contact, leur paraissait insensé.

J'étais pourtant déterminé. Je savais exactement ce que je voulais faire. Nous finîmes par trouver un compromis : j'irais à Sciences-Po, non pas à Paris, mais à Strasbourg, à trois cents kilomètres de Reims, tout près du lieu qui m'avait vu ressusciter et qui, pour moi, s'apparentait au domaine du *Grand Meaulnes*.

En 1964, je décrochai mon baccalauréat, section « Sciences Ex », sur le fil. J'avais dû obtenir 4 sur 20 en physique et en mathématiques, et 16 en philosophie. Pas de quoi pavoiser. Mais, pour moi, c'était le sésame ouvrant sur la liberté. J'allais enfin pouvoir me déployer, mettre mes ambitions en mouvement. Je m'imaginais attaché culturel dans quelque lointaine ambassade, en Abyssinie ou bien à Vientiane, passant mes soirées à noircir du papier. C'est d'ailleurs ce que fit à ma place mon frère

Olivier pendant dix ans, d'Alexandrie à Londres en passant par Prague…

À Strasbourg, j'ai mis sans attendre mes projets en actes. J'ai écrit mon premier roman dont le titre, *Moïa bieda*, signifie « Mon malheur » en polonais. Frédéric Chopin avait apposé ces deux mots sur un paquet de lettres d'amour que l'élue de son cœur avait restituées après leur rupture. Je m'étais inspiré de mes angoisses de leucémique pour ce récit finalement publié quinze ans plus tard sous un titre moins énigmatique, *Les Enfants de l'aube*. Mais, par fidélité, j'ai conservé *Moïa bieda* en sous-titre.

SR : Bientôt votre vie va encore connaître une accélération inattendue…

PPDA : Au cours de l'été 1962, j'étais en vacances à Trégastel, en Bretagne, où mes parents avaient l'habitude de se rendre. J'ai vécu là une belle histoire d'amour avec une jeune femme au regard bleu profond, blonde comme un soleil. Elle était plus âgée que moi : elle avait vingt ans, j'en avais quinze. Véronique était institutrice à Sainte-Marie de Neuilly. Je vivais dans une totale insouciance, celle de la légèreté de l'adolescence. Un événement allait bouleverser mon existence et me propulser du jour au lendemain dans le monde des adultes : Véronique attend un bébé.

À quinze ans à peine, j'étais encore presque un enfant. La perspective de fonder un foyer était absurde. L'idée même d'un mariage entre une jeune femme et un adolescent semblait tout aussi insensée. On n'était pas loin du *Diable au corps* ! D'où, sans doute, la fascination qu'ont toujours exercée sur moi la figure et le destin de Raymond Radiguet. Les parents de Véronique s'arrangèrent pour que la grossesse restât secrète. Elle accoucha chez son parrain, au Havre, loin de Neuilly et des commérages. Dorothée est ainsi née dans une ville portuaire ; elle en a gardé le goût du large et vit aujourd'hui à Saint-Malo.

J'avais été tenu éloigné de ce cyclone. Tout cela était pour moi un peu irréel. J'étais mû par un mélange d'inconscience et de fierté, et il m'en est resté un certain goût du secret, des tiroirs qui ne s'ouvrent pas à tous, des histoires qu'il ne faut pas offrir à tout le monde si on ne veut pas les gâter, les faire pâlir et s'étioler à la lumière du jour. Quoi qu'il en soit, les événements se précipitaient : le bébé, le bac, le livre… À dix-sept ans, tout semblait déjà bouclé alors que tout ne faisait que commencer. Je n'avais pas eu le temps d'être adolescent. Toute ma vie j'ai couru après cette illusion de temps enchantés qui m'avaient échappé.

Solitaire et exalté, je poursuivis mes études à Strasbourg, multipliant les escapades à Vélosolex hors de la ville, notamment en Allemagne, du côté du lac de Constance. Mon idéal n'avait pas varié : je voulais vivre à Paris pour mieux prendre mon envol d'écrivain voyageur. Mes parents persistaient à penser que la capitale allait m'engloutir. Nous n'y avions aucun contact, aucun protecteur, aucun parent susceptible de m'accueillir et de me défendre contre les diables qui grouillaient dans cette Sodome bruyante et frénétique. Je décidai pourtant de m'y plonger. En 1965, à dix-sept ans, encore très immature, j'entrai en deuxième année de Sciences-Po, rue Saint-Guillaume. Mes grands-parents, eux, étaient aux anges. Ma grand-mère avait glissé dans mes bagages le smoking qu'elle m'avait offert, persuadée que son Rastignac de petit-fils allait conquérir la Lune.

Je m'installai dans une chambre de bonne qui donnait sur le pont Mirabeau. Ma logeuse, Mme Salvator, était une dame âgée d'une immense culture, amie de nombreux peintres. Ses parents avaient été des intimes de Camille Pissarro, l'un des maîtres de l'impressionnisme. Elle possédait des toiles d'une grande valeur. Les collectionneurs lui rendaient régulièrement visite et je lui servais d'assistant, car elle perdait la vue. Grâce à elle, je me suis passionné pour la peinture moderne.

J'étais avide de découvertes, curieux de tout. Je sillonnais Paris, courant les cinémas, grisé par tout ce que je voyais. J'étais enfin dans la ville de mes rêves, mais sans argent. Pour payer mes études, je dégottais des petits boulots de toutes sortes : chauffeur de maître, coursier, gardien de nuit dans des hôtels près des Champs-Élysées, figurant de cinéma ou encore livreur pour le magnat de la presse de l'époque, Cino Del Duca, fondateur du premier tabloïd français, *Paris-Jour*, pour le compte de qui je distribuais des bouteilles de vin à tous les kiosquiers de Paris. Une arme de marketing très efficace ! Ces virées dans la capitale me permettaient de l'apprendre rue après rue, mais aussi de me familiariser avec le monde de la presse, côté kiosques.

J'ai également gardé de bons souvenirs de mon job de contrôleur dans les trains de nuit, surtout sur le Paris-Venise. Pendant plus de six mois, de novembre à avril, je partais tous les vendredis soir de Paris avec ma casquette et mon insigne de la Compagnie des Wagons-Lits, et je me retrouvais le samedi matin à 11 heures à la gare maritime de Venise. Le soir, il fallait repartir. Épuisés par le voyage (car nous devions recharger la chaudière en charbon toutes les heures, et satisfaire les désirs des voyageurs, parfois aussi des voyageuses...), la plupart de mes camarades en profitaient pour se choisir un compartiment et y dormir tout le jour. La nuit, en effet, nous n'avions le droit qu'à un modeste bat-flanc dans le couloir de notre wagon. Je préférais de mon côté aller galoper dans la cité des Doges, l'explorer méthodiquement, quartier par quartier, samedi après samedi. J'en garde aujourd'hui un souvenir enchanté, et une sorte de fraternité avec tous ceux qui, par le passé, furent de fugitifs vénitiens, de Casanova à

Musset en passant par l'un de mes héros préférés, Lord Byron, dont la figure m'inspira mon dernier roman, *La Mort de Don Juan*[1].

SR : Côté études, vous étiez un bûcheur ?

PPDA : J'avoue ne pas avoir été un étudiant très assidu. Je passais davantage de temps à quadriller la capitale, allant de rencontre en rencontre.

Un de mes amis étudiants strasbourgeois, Alain Wilthien de Ranguevaux, qui m'avait suivi à Paris, m'introduisit dans l'entourage de la famille du comte de Paris, le descendant des rois de France. Le modeste roturier né au pied de la cathédrale où l'on sacrait les monarques se retrouvait au milieu des « sang bleu » ! Je sympathisai avec deux des enfants du prince, Thibault d'Orléans et Chantal de France, qui devinrent de vrais amis. Nous étions très soudés : ils venaient me rejoindre dans l'hôtel où j'officiais comme gardien de nuit, la Résidence Marceau. Je leur cédais une chambre

1. *La Mort de Don Juan*, Albin Michel, 2004.

dans laquelle nous passions de longues heures à deviser.

Une nuit, en raccompagnant Thibault chez lui, rue de Monttessuy (désertion de poste, faute professionnelle !...), nous aperçûmes une vieille femme qui se jetait dans la Seine, près du pont de l'Alma. Je me précipitai, à temps pour la tirer de l'eau. Elle nous reprocha avec véhémence de l'avoir sauvée. Elle tenait absolument à en finir avec la vie. L'épisode me rapprocha encore davantage de Thibault qui allait mourir quinze ans plus tard, guide de chasse en Afrique, après une existence aventureuse.

C'était une période d'insouciance, de bohème et de grande liberté. Je subvenais à mes besoins grâce à des petits boulots et je brûlais la vie par les deux bouts. Je découvris à cette époque le monde de la figuration. Je fis l'« acteur de complément » dans un certain nombre de films. Des prestations qui n'ont pas laissé un souvenir impérissable dans l'histoire du cinéma. Quelques scènes de dos avec Alain Delon dans *Adieu l'ami*, de loin avec Belmondo dans *Jeff*, mais aussi un long mois passé avec Bourvil, avec lequel je me liai, pour les besoins d'un long métrage qui relatait une course cycliste Paris-San Remo en 1902 : *Les Cracks* ! Après une certaine période d'adaptation, j'allais le rejoindre, toujours intimidé, entre deux prises, et nous parlions littérature. Le metteur en scène, Alex Joffé, venait parfois se joindre à nous. C'est pourquoi j'ai gardé une très grande affection pour son fils, Arthur, qui s'est lancé à son tour dans la carrière de réalisateur. Je l'ai aidé pour tous ses films, notamment pour *Harem*, car j'aimais beaucoup Nastassja Kinsky. Un jour, il m'a même demandé de jouer un rôle, celui de Dieu (mais il y en avait une bonne dizaine dans son histoire !), un Dieu présentateur-moine-bouddhiste au crâne rasé, dans un film très poétique *Que la lumière soit*, aux côtés de la délicieuse Hélène de Fougerolles.

SR : Finalement, vous avez raté une carrière d'acteur ?

PPDA : Sûrement pas ! Je voulais poursuivre mes études pour aller écrire dans de lointaines ambassades. En plus de Sciences-Po, je m'étais inscrit à l'Institut des langues orientales où j'étudiai le russe et le serbo-croate en ayant toujours pour objectif d'embrasser la carrière diplomatique après avoir passé le concours d'Orient au Quai d'Orsay.

Un voyage allait néanmoins sérieusement freiner mes ardeurs. Alors que j'étais contrôleur des wagons-lits sur le Paris-Venise, je décidai de poursuivre jusqu'à Belgrade afin d'aller rendre visite pour quelques jours à une amie proche, Laurette Francfort, fille de l'ambassadeur de France en Yougoslavie. Là, je découvris la réalité de l'activité diplomatique, ses aspects contraignants, protocolaires, et, de mon point de vue, quelque peu bureaucratiques. J'étais trop indépendant et fier pour supporter les règles d'un métier trop corseté pour ma nature rebelle. C'est du moins ce que je pensai sur le moment.

En rentrant à Paris, je me tournai résolument vers le monde du journalisme dont j'espérais qu'il m'ouvrirait les mêmes portes. Je me plongeai dans les livres de Joseph Conrad, de Jack London, de Herman Melville, d'Albert Londres, de Joseph Kessel et de Blaise Cendrars. J'avais soif de grands espaces, de découvertes et de dépassement de soi. Je multipliai les voyages en auto-stop, en France comme à l'étranger, surtout en Europe centrale, car j'étais attiré par toutes les formes de la culture slave, de même que par la mentalité des gens de là-bas, toujours excessifs dans les sentiments, aussi vite dépressifs qu'ardents et passionnés. Depuis lors, je garde la même affection pour les Russes, les Polonais, les Tchèques et les Slovaques. Un automne, en Tchécoslovaquie, j'ai dormi en grelottant sur le champ de bataille d'Austerlitz et j'aurais bien aimé pouvoir passer la nuit dans la chambre natale de Chopin, à Zélavola-Vola, mais j'en ai été délogé par le gardien.

Je me souviens aussi d'une belle rencontre d'auto-stoppeur, un matin, au nord de Bordeaux (après une nuit passée dans un transformateur électrique pour me protéger de l'orage !). Une Jaguar verte s'est arrêtée. Son conducteur ne m'a dévoilé son identité qu'à notre arrivée à Paris. C'était le fondateur de l'entreprise agroalimentaire Panzani. Il me fit visiter son usine parisienne. Trente-cinq ans plus tard, quand j'eus à annoncer son décès au Journal Télévisé, je me suis souvenu de l'adolescent efflanqué, trempé comme une soupe, qu'il accueillit un jour à bord de sa voiture.

Il faut savoir tendre la main aux autres. C'est ce que j'essaie de faire avec les jeunes journalistes comme avec les apprentis romanciers.

SR : C'est l'époque où un événement considérable va bouleverser la vie de nombreux jeunes étudiants.

PPDA : Quand Mai 68 a surpris cette France qui s'ennuyait, pour reprendre l'expression de l'éditorialiste du *Monde*, Pierre Viansson-Ponté, comme la plupart des étudiants j'ai été fasciné et excité par tout ce que je voyais. Je n'étais pas vraiment engagé politiquement, car j'avais déjà horreur des dogmes et n'aimais que les aventures individuelles, mais je suivais ce grand chahut avec une certaine jubilation. J'habitais alors, près de la place Maubert, avec ma sœur Catherine, d'un an ma cadette. Nous étions aux premières loges de cette grande « récréation » ou « révolution », selon le camp dans lequel on se situait. Pour moi, rien n'avait plus d'importance que la formidable pulsation qui partout soulevait l'actualité : les barricades, les grenades lacrymogènes qu'on réexpédiait à leurs envoyeurs, le boulevard Saint-Germain que les véhicules anti-émeutes remontaient à contre-sens, les gens qui se parlaient dans la rue sans se connaître, les amphis, les syndicats débordés, les partis politiques dans le brouillard… Je ne nourrissais pas de sympathie instinctive pour les mouvements d'extrême gauche que je trouvais endoctrinés, instrumentalisés, mais j'étais écœuré par les violences policières et je pensais que cette France, bien frileuse à mes yeux, avait besoin d'un coup de jeune. Je passai de longues après-midi à écouter les uns et les autres se chamailler à l'Odéon et, pour les plus sincères, à rêver tout haut.

SR : Vous étiez déjà dans la posture du témoin, de l'observateur ?

PPDA : J'ai agi à ma manière. Je l'ai dit : je préfère d'emblée les aventures individuelles aux mouvements de foule. Durant les événements, je me suis mis à vendre *Le Monde* à la criée, à l'angle des boulevards Saint-Germain et Saint-Michel, avec un certain succès. Au début, j'achetais les exemplaires à prix coûtant dans un kiosque, puis, sur le conseil du vendeur qui me connaissait bien, je m'en procurai une vingtaine dans un dépôt sauvage, rue Saint-André-des-Arts. Chaque exemplaire me revenait à 37 centimes de l'époque ; je le revendais 50 centimes. On me laissait souvent un pourboire du double. Puis je suis passé au stade quasi industriel : j'allais en quérir 200 exemplaires au siège du journal, rue des Italiens, que je revendais aussitôt. Devant le succès de mon entreprise, j'ai aussi vendu *France-Soir*, qui frôlait à l'époque le million d'exemplaires. Je me souviens d'avoir réalisé une de mes plus belles ventes le jour de la mort de Bob Kennedy, que j'admirais presque autant que son frère. Voilà comment j'ai démarré ma carrière dans la presse : sur le trottoir, au milieu du chaos de 68…

C'était enivrant. Sciences-Po était déjà loin derrière moi, tout comme mes rêves de diplomatie vagabonde. J'avais déjà beaucoup couru le monde et fait l'école buissonnière. J'avais à ce point déserté les locaux de la rue Saint-Guillaume que je n'ai même pas décroché mon diplôme. Dilettantisme, manque d'appétence pour le terminus de l'ENA vers lequel était censé me conduire ma filière « service public » ? Il y avait sans doute un peu de tout cela. Mais surtout, après avoir vu travailler les reporters des stations de radio privées, rue Gay-Lussac, place Maubert ou au carrefour de l'Odéon, et m'être enthousiasmé pour leur liberté de ton, singulière à cette époque où les ondes publiques étaient muselées (les caricaturistes représentaient le sigle ORTF entouré de barbelés), je décidai irrévocablement de devenir journaliste. À vingt ans, trop de signaux avaient été émis au long de ma route pour ne pas tenter l'aventure... J'ai passé le concours et j'ai été reçu à l'école de la rue du Louvre, le CFJ (Centre de formation des journalistes, fondé par un résistant enthousiaste, Philippe Viannay), après avoir vécu en juin 1968 une expérience politique assez originale.

Avec un bon ami, Philippe Maynial, nous étions allés participer à la campagne électorale d'un candidat républicain indépendant dans la circonscription de Château-Thierry. Bertrand de La Roque, neveu du fondateur des Croix de Feu, par ailleurs grand résistant, avait une fibre très sociale ; il avait fondé une léproserie en Afrique avant de se reconvertir dans l'humanitaire dans le département de l'Aisne. Pendant une quinzaine de jours, je me suis plongé dans l'ambiance fiévreuse d'une campagne éminemment politique. J'ai collé des étiquettes et des affiches, j'ai couru les réunions, passé des nuits blanches à disserter sur la « nouvelle société » qu'allait incarner plus tard Jacques Chaban-Delmas. Je croyais alors fermement que la page d'un certain gaullisme conservateur pouvait être définitivement tournée, qu'il fallait moderniser la France et rajeunir ses cadres. Je me méfiais tout autant de l'emprise communiste qui, à l'époque, contaminait encore un grand nombre d'intellectuels et d'étudiants. Leur grille de lecture ne me plaisait pas. J'avais beaucoup étudié le marxisme à Sciences-Po, le russe et le serbo-croate à Langues O, et à l'occasion d'un de mes voyages en Europe de l'Est je m'étais retrouvé en Tchécoslovaquie pendant le fameux printemps de Prague, un mois avant l'invasion des chars russes. Celle-ci m'avait indigné, comme je l'avais été lors de ma première prise de conscience politique, à neuf ans, quand j'avais appris, en écoutant Radio Luxembourg, que les Russes de Nikita Khrouchtchev venaient d'écraser l'insurrection hongroise. Longtemps j'avais conservé, affichée dans ma chambre, la

« Une » de *Paris-Match* consacrée à l'un de ses photographes, Jean-Pierre Pedrazzini, qui avait perdu la vie à Budapest.

SR : Vers qui penchaient vos aspirations politiques après cette petite expérience électorale chez les républicains indépendants ?

PPDA : Plus que François Mitterrand, qui me semblait profiter opportunément des événements, davantage même que Pierre Mendès France que j'admirais pour sa rigueur et sa sagesse, mais qui venait de rater son Appel de Charléty, c'est, à mes yeux, Valéry Giscard d'Estaing (dans cette France qui venait, en juin 68, de donner un sérieux coup de barre électoral à droite) qui répondait le mieux à cette aspiration au changement.

Au CFJ, je me sentais en décalage par rapport à mes camarades, car la tendance dominante était au gauchisme post-soixante-huitard qui m'avait quelque peu refroidi l'année précédente. Je n'aime pas l'intégrisme, et encore moins le suivisme. De surcroît, j'avais le plus grand mal à trouver des vertus à Staline et à

Mao. Or, la plupart de ces journalistes en herbe – futurs sociaux-libéraux ! – étaient trotskistes, maoïstes ou communistes. À l'exception d'un jeune provincial avec qui j'ai d'emblée sympathisé : Franz-Olivier Giesbert.

Lui aussi, comme moi, semblait incongru dans un univers de dazibaos, de lutte des classes, d'AG (assemblées générales) à répétitions. Par provocation ou par atavisme familial (sa mère, actionnaire de *Paris-Normandie*, s'était opposée à l'entrée de Robert Hersant), il disait admirer Edgar Faure, le pape du radicalisme, mais je crois qu'il appréciait surtout son épouse Lucie qui l'avait pris sous son aile et l'avait introduit dans son petit cercle d'intellectuels autour de la revue *La Nef*. Cela dit, il ne détestait pas la politique version chablis et cassoulet. C'est sans doute ce qui fit de lui, plus tard, l'un des meilleurs observateurs de la vie politique française. Sur Mitterrand, puis sur Chirac, il s'est montré l'un des trois plus fins connaisseurs de la place de Paris.

Franz, à l'époque, n'aimait pas ressembler aux autres. Moi non plus. J'aimais Drieu La Rochelle et Scott Fitzgerald. Il aimait Norman Mailer et Julien Green. Né aux États-Unis, il venait d'Elbeuf et, comme moi, avait de l'ambition. Il était vif, moqueur, doué, curieux de tout. Nous étions les deux vilains petits canards de la promotion. Iconoclastes, jamais en phase avec les professeurs, notamment ceux de l'option chic de l'époque, la spécialisation « radio », dont nous avons fini par nous faire virer pour « insolence ». Jeunes Rastignac sinon de droite, du moins d'« ailleurs », impertinents et un tantinet arrogants comme on peut l'être à vingt ans, nous refusions ce que nous appelions le « prêt-à-penser » de la rue du Louvre.

Nous n'étions pas les seuls dans ma promotion : Paul Amar, Olivier de Rincquesen, Patrice Louis, Marie-Thérèse Guichard, Christine Courcol ou Jacqueline Rémy avaient déjà de fortes personnalités. Mais je sentais que nos professeurs préféraient celles des jeunes gens, par ailleurs brillants, qui se montraient très engagés politiquement. À leur exemple.

SR : Là encore, vous allez franchir les étapes plus vite que prévu.

PPDA : Un jour, j'entends sur *France Inter* un appel à candidature pour une émission concours,

« Envoyé Spécial ». Il fallait avoir entre vingt et trente ans, ne pas être titulaire de la carte de presse et être prêt à faire le tour du monde. J'écrivis aussitôt. J'allais enfin accomplir mon rêve : devenir reporter, sillonner la planète. Sur trois mille candidats, quatre cents furent retenus dans un premier temps, pour n'être plus finalement que trente-quatre à avoir la chance de pouvoir partir en reportage.

Pour mes premiers « travaux pratiques », je choisis l'île Maurice, espérant sans doute retrouver les traces d'un ancêtre supposé, Pierre Poivre, grand botaniste français, que la légende familiale avait greffé sur notre arbre généalogique. Il avait vécu là-bas au XVIIIe siècle. À vingt ans, il avait été séminariste et voulait évangéliser la Cochinchine. On l'y traîna en prison. À peine libéré, il se retrouva prisonnier des pirates, puis perdit un bras du fait d'un coup de canon pendant un combat naval. J'ai pu racheter ses deux pistolets auprès de notre cousin, Patrick Poivre de la Freta, et j'ai offert le gauche (celui qui ne servait plus au manchot !) à mon frère Olivier le jour de son premier mariage. Toute la vie de Pierre Poivre était de cette eau-là. Malheureusement, à mon arrivée à

Maurice, l'archiviste en chef de Port-Louis, Auguste Toussaint, m'ôta toute illusion : l'intendant n'avait eu que des filles ; nous ne pouvions donc descendre de lui. À l'en croire, nous étions plutôt reliés à l'un de ses frères, Jacques. Mais il me confirma que du côté de Véronique, nous étions lointainement apparentés au grand poète mauricien Malcolm de Chazal, à qui mon frère Olivier consacra un essai.

Pour éviter de trop personnaliser ma participation au concours de *France Inter*, j'avais axé mon propos sur la permanence de la langue française dans une île qui venait tout juste de gagner son indépendance après cent cinquante ans de colonisation britannique. Après la diffusion de nos trente-quatre reportages (une semaine entière pour chacun d'entre nous, à raison d'une heure par jour), nous n'étions plus que quatre dans la dernière ligne droite, en finale.

Je suis alors parti aux Philippines où j'ai eu la chance d'être le premier à pouvoir rencontrer en prison le faux prêtre colombien qui avait tenté d'assassiner le pape Paul VI. J'ai également pu interviewer le président Marcos, sa femme Imelda (elle me prit en sympathie et m'offrit une chemise philippine à jabot), et surtout l'archevêque de Manille, Mgr Santos, qui refusait jusque-là de rencontrer la presse et que l'on disait tout-puissant.

Un peu téméraire – le prélat était protégé par une milice surarmée –, je me suis rendu un dimanche dans l'église où il devait célébrer la messe, et je me suis caché au fond de la sacristie, au milieu des chasubles, dans un placard. À la fin de l'office, le prélat m'y surprit et, par chance, mon stratagème à la Tintin le fit pouffer de rire. Il répondit à mes questions. C'est peut-être ce coup d'audace qui me fit remporter le concours.

En juillet 1971, le jury, composé notamment de Pierre Desgraupes, directeur de l'information sur la première chaîne de télévision, Roland Dhordain, patron de *France Inter*, Pierre Viansson-Ponté, éditorialiste au *Monde*, Louis-Gabriel Robinet, directeur du *Figaro*, Eugène Mannoni, grand reporter à *France-Soir*, et Pierre Wiehn, le présentateur très subtil de cette émission, « Envoyé Spécial », me décerna le prix qui m'ouvrait les portes de *France Inter* pour un an. Je passais brutalement du statut d'apprenti journaliste à celui de grand reporter.

Au même moment, Pierre Viansson-Ponté et Louis-Gabriel Robinet me proposèrent, avant que je ne signe mon contrat, d'intégrer leur équipe. C'était miraculeux. Je devais choisir entre trois options : la grande radio nationale ou bien l'un des deux plus fameux quotidiens français. Comment prendre la bonne décision ?

Finalement, j'optai pour *France Inter*, la station qui m'avait permis de vivre cette aventure. Ce jour-là, j'aurais pu bifurquer vers la presse écrite et emprunter un tout autre itinéraire. Mais j'avais décidé de rester fidèle à ceux qui, les premiers, m'avaient donné ma chance.

La direction du CFJ me reprocha d'avoir essayé de trouver du travail hors de ses filières traditionnelles, elle menaça même de ne pas me décerner le diplôme de l'école, avant de se raviser finalement. Cela m'était de toute façon parfaitement égal. Je ne me suis jamais intéressé, depuis lors, aux titres et aux diplômes de mes collaborateurs. Seules m'importent leur personnalité et la force de leur enthousiasme.

CHAPITRE 3

SR : À *France Inter*, ayant remporté ce concours, vous êtes propulsé grand reporter sans passer par les échelons intermédiaires. Vous êtes confronté tout de suite à la dure loi des petits chefs. L'un d'entre eux vous a d'entrée de jeu pris en grippe. Il vous a convoqué pour vous rappeler quelques principes élémentaires…

PPDA : Au début, en entrant dans son bureau, je n'ai vu que ses mocassins. Il les avait négligemment posés sur son bureau : à l'américaine, genre Marlowe recevant un client. Il m'a toisé comme un sergent-chef une nouvelle recrue. Il m'a dit en me les montrant du doigt : « Vous voyez ces chaussures ? Ce sont des

Weston. J'ai mis trente-cinq ans à pouvoir me les payer. Vous, vous êtes là depuis quinze jours et vous croyez déjà que vous allez faire le tour du monde aux frais de *France Inter* ? Mon prédécesseur a cru bon de vous envoyer jouer les globe-trotters. J'annule. Il faut un journaliste plus expérimenté ! » Rompez…

En sortant du bureau du tout nouveau directeur de l'information de *France Inter* (il s'appelait Lucien Renaud), j'étais sonné. Cet homme qui avait fait toute sa carrière dans la France d'outre-mer avait décidé d'enrayer une ascension qui lui paraissait par trop fulgurante. En effet, quelques jours avant son arrivée, son prédécesseur, Georges Bortoli, m'avait proposé un reportage de rêve. La célèbre compagnie aérienne créée par Howard Hughes, la TWA, inaugurait une ligne qui faisait le tour du monde. Georges Bortoli, l'ancien correspondant historique de l'ORTF à Moscou, m'offrait un voyage de deux mois ; je devais envoyer des cartes postales sonores de chacune des escales. C'était inespéré pour un jeune journaliste qui venait tout juste de recevoir sa carte de presse : numéro 31072… J'étais allé chercher mon billet dans une agence des Champs-Élysées. Un billet à rallonge de dix centimètres d'épaisseur qui allait me permettre de jouer les Phileas Fogg. Je remerciais mon bienfaiteur de m'accorder un tel privilège quand, brutalement, ledit patron fut écarté, quinze jours après mon entrée effective à *France Inter*.

À ce moment, je n'avais pas encore pénétré les arcanes de l'information d'État, monde où les responsables valsent au gré des humeurs des hommes politiques au pouvoir. J'ignorais ce qu'on pouvait reprocher au juste à Georges Bortoli. Je n'avais que vingt-trois ans. L'injustice qu'on m'infligeait correspondait aux mœurs et aux méthodes d'alors : je devais sans doute être considéré par le hiérarque fraîchement nommé comme un chouchou de son prédécesseur ; il fallait m'apprendre à vivre en marchant dans les clous...

Je découvrais donc les us et coutumes de la tribu dans laquelle je venais tout juste d'entrer. Je me remis vite de cette bénigne humiliation et tournai la page en acceptant le purgatoire assez formateur que l'on me proposa alors : les flashes de nuit, en alternance avec Paul Amar et l'inusable Raymond Moquel qui passa presque toute sa vie aux commandes des bulletins de nuit. Un solitaire qui, comme les hiboux, ne semblait guère pressé de retrouver la lumière du jour. C'est là que je mesurai pour la première fois l'étendue de la responsabilité qui était la nôtre. Une nuit, un avion d'Air Inter s'écrasa près de Noirétable, dans le Limousin. Les secours furent contraints de s'arrêter en raison de l'obscurité. Je pris la décision de n'en rien dire, car je me mettais à la place des familles des victimes. Bien m'en prit : il y avait des rescapés qui, dans la carlingue abîmée dans la neige, écoutaient… *France Inter* ! C'est ce que me confia, des années plus tard, une des hôtesses, devenue une amie.

Après les flashes de nuit venait le journal de 6 heures du matin, juste avant que j'aille me coucher. J'en partageais la responsabilité avec une jeune consœur qui, elle, venait de se lever. La bonne humeur d'Arlette Chabot, devenue depuis lors directrice de l'information de *France 2*, était communicative, et je garde souvenir d'irrépressibles fous rires à l'antenne.

Après le 6 heures, je montai en grade : le 7 heures, puis le 8 heures sous l'autorité d'un maître de ce métier, René Duval. Il s'était illustré par ses reportages pour *Europe 1*, notamment lors des dramatiques événements algérois de la rue d'Isly en 1962. Il avait supplié les militaires français de cesser le tir : « Halte au feu, mon lieutenant ! » hurlait-il en direct. Comme lui je n'avais qu'une envie : repartir sur le terrain. Je m'intéressais davantage au reportage qu'aux guéguerres florentines du microcosme radiophonique. Je me sentais foncièrement reporter. J'avais toujours aussi envie de courir le monde.

Tout au long de cette période, je travaillai dans une ambiance légère, avec des copains journalistes un peu bohèmes, comme Michel Polacco, l'actuel patron de *France Info*. Il était alors plutôt en marge de tout et vivait dans un squat, tout près de la Maison de la Radio, la fameuse « Maison Ronde » qui, à l'époque, était en France le temple de l'information, le lieu de passage obligé pour tous ceux qui voulaient exercer ce métier. Nous étions toute une bande de jeunes recrues comme Yves Mourousi, Jean-Claude Bourret, Jean-Louis Burgat, Régis Faucon, Philippe Rochot, Alain Denvers, Éric Gilbert ou Bernard Benyamin, succédant aux Mougeotte, Gildas, Cavada, Bromberger auxquels tout un chacun voulait s'identifier. Notre génération faisait ses premières armes à l'antenne dans une certaine insouciance et une réelle liberté.

SR : Vous étiez la génération post-soixante-huitarde. En ce début des années 70, aviez-vous l'impression que, politiquement, les choses évoluaient, que le gaullisme était bel et bien dépassé depuis le départ du Général ?

PPDA : Nous étions dans une phase étrange, celle du mandat de Georges Pompidou, homme habile qui gérait la fin du gaullisme avec des manières de notaire de province. Il réfrénait, en chanoine madré, les ardeurs réformatrices de Jacques Chaban-Delmas, alors Premier ministre. Jacques Chirac, fringant militant gaulliste, développait ses réseaux en attendant son heure. Mitterrand venait de conquérir le PS au congrès d'Épinay et remettait la gauche en état de marche. Giscard tissait lui aussi sa toile depuis le ministère des Finances. Après le choc et l'effervescence de Mai 68, la France ronronnait. Tous les clignotants nous alertaient sur la nécessité de profondes réformes : modernisation de l'appareil industriel, besoin de décentralisation, soif de liberté d'information, et surtout changements radicaux en matière de mœurs et d'écoute sociale. Nous étions dans l'attente d'une nouvelle vague de dirigeants capables de renouveler le paysage hexagonal.

Ce genre de phases intermédiaires, paradoxalement, sont toujours riches, car elles portent en elles une incertitude créatrice. J'aime ces périodes charnières où rien n'est vraiment joué, où le mouvement n'est pas encore tout à fait lisible, où les hommes doutent encore. J'ai mis à profit cette ère de flottement pour me consacrer avec passion à mon travail, porté par le courant de l'actualité.

SR : C'est aussi l'époque où vous fondez votre famille.

PPDA : Oui. Je venais d'épouser Véronique. Nous nous sommes mariés en avril 1971 dans sa ville, Neuilly, où nous nous sommes installés. Un an plus tard, mon premier fils, Arnaud, venait au monde. J'ai gardé la cassette de l'annonce de sa naissance par Yves Mourousi. Tiphaine suivit peu après, puis ma troisième fille, Solenn, qui devint la filleule de Michel Polacco.

À *France Inter*, je multipliai les expériences. J'ai travaillé avec Pierre Bouteiller dans son magazine du matin, tout en faisant des chroniques à 13 heures pour le journal d'Yves, devenu un ami et une référence. J'ai également présenté la revue de presse lorsque Roger Gicquel, qui lui avait donné ses lettres de noblesse, est devenu à son tour directeur de l'information de la station, à la mort de Lucien Renaud. Dans cet exercice, ma liberté de ton m'a coûté cher. Un matin, j'ai fait allusion à la maladie de Georges Pompidou. Tout Paris bruissait de cette rumeur qui était devenue certitude, mais personne n'osait l'évoquer sur les ondes d'État, à la radio pas plus qu'à la télévision. Dans les couloirs, l'hypothèse d'une fin de régime anticipée n'était plus un scénario écarté. J'ai pris le risque de briser l'omerta. Mal m'en a pris : j'ai été débarqué du jour au lendemain et affecté à d'autres tâches.

Prenant la mouche, je donnai ma démission. À *Europe 1*, Georges Leroy et Jean Gorini me contactent aussitôt et m'engagent, mais *France Inter* exige que j'accomplisse mon préavis d'un mois. Au tout dernier moment, pour des raisons que je n'ai jamais élucidées (sans doute une campagne de presse initiée par *L'Humanité* pour me défendre), le PDG de l'ORTF, Arthur Conte, me téléphone pour me retenir et me propose, avec son chaleureux accent catalan, de présenter, toujours sur *France Inter*, la tranche de 19 à 20 heures. Par quel heureux concours de circonstances le paria revenait miraculeusement en grâce ? Les mystères de la politique sont insondables.

Ce sont de tels événements qui m'ont conduit à m'engager publiquement et avec force aux côtés de ceux qui demandaient qu'on en finisse avec la mainmise du pouvoir sur l'ORTF. Nous n'étions pas très nombreux, à l'époque, à réclamer la fin du monopole d'État sur les ondes radiotélévisées.

Peu de temps après, Georges Pompidou meurt. J'étais à la radio, ce 2 avril 1974, aux alentours de 22 heures. Commence aussitôt la campagne électorale pour l'élection présidentielle. Roger Gicquel me demande de couvrir les activités du candidat Valéry Giscard d'Estaing. Les deux favoris sont alors Chaban et Mitterrand. Dans les tout premiers sondages, celui que je suis chargé de suivre plafonne à 9 % des intentions de vote. La plupart des journalistes qui travaillent dans le sillage de Giscard sont des débutants ; les plus chevronnés ont choisi les candidats gaulliste et socialiste.

Pendant plusieurs semaines, nous sommes toute une équipe à ne pas lâcher VGE d'une semelle : mon ami Patrice Duhamel pour la *Une*, Olivier Mazerolle pour *Radio Monte Carlo*, Michel Polacco, parti sur *Europe 1*, Robert Daran, de *RTL*. L'image d'outsider de notre candidat était idéale pour détendre l'atmosphère. Parmi nous, personne ne cherchait à tirer la couverture à soi.

Le jour du deuxième tour, VGE, au cours du déjeuner à Chamalières, nous a offert un scoop en me confiant qu'il allait nommer Jacques Chirac Premier ministre s'il était élu. Le jeune leader gaulliste avait lâché Chaban bien avant le premier tour. Quarante-trois députés UDR s'étaient rangés derrière lui pour appeler à voter Giscard, l'ennemi centriste. Ce fut, pour l'ancien ministre des Finances, une formidable aubaine.

Son élection me fit vivre l'excitation des confidents du « premier cercle », mais elle ne me donna pas la moindre envie de replonger dans l'univers politique. Je refusai toutes les propositions de promotion ou de distinction honorifique que l'on me fit alors. J'avais été militant pendant deux ans ; j'étais désormais exclusivement au service de l'information. Ce n'est pas là une formule gratuite : ces quelques années passées à *France Inter* m'avaient inoculé le virus de la presse et éloigné pour de bon de la politique. J'étais comme drogué à l'actualité.

J'avais découvert maintes sensations extraordinaires en couvrant les grands événements : cette étrange impression de danser sur un fil au bord d'un précipice. À la radio comme à la télévision, le direct est un moment d'extrême tension, mélange euphorisant de toute-puissance et de grande fragilité. J'adore ces moments-là.

Je vécus donc sereinement l'accession au pouvoir de celui pour qui j'avais, un temps, milité. D'autant plus qu'à *France Inter*, j'avais, me disait-on, l'image d'un journaliste peu malléable, en marge des modes, viscéralement indépendant. J'étais donc plutôt heureux, à la radio publique, aux commandes du journal du soir, quand le grand chambardement de la télévision s'est annoncé…

SR : Avec d'autres, vous avez vécu au cœur de ces turbulences. Quels souvenirs en gardez-vous ?

PPDA : Fin 1974, l'ORTF a été démantelée en trois chaînes. La plupart des présentateurs radio furent pressentis pour occuper les nouveaux postes sur le petit écran, car *France Inter* bénéficiait d'une excellente réputation et d'une audience qui surpassait alors celle de tous ses concurrents. Comme d'autres, sous la houlette de Christian Bernadac, j'ai alors présenté en circuit fermé des JT pour la troisième chaîne qui allait se lancer. Finalement, alors que la plupart de mes amis sont recrutés par la *Une*, à l'instar de Roger Gicquel, Yves Mourousi, Jean-Claude Bourret, Dominique Bromberger, entre autres, je choisis de partir sur *Antenne 2* dont la rédaction sera, nous promet-on, dirigée par Philippe Gildas. Mais une méchante rumeur politico-journalistique, relayée par le ministre de l'Intérieur, Michel Poniatowski, l'écarte de ses futures responsabilités. Pour de mystérieuses raisons, je suis alors rétrogradé du poste de chef du service politique, que l'on m'avait annoncé, à celui d'adjoint. Sans doute Georges Leroy, le directeur de la rédaction, qui prenait la place de Philippe Gildas, voulait-il me signifier par là que j'aurais dû accepter sa proposition, un an plus tôt, sur *Europe 1*. « On se retrouve toujours, dans ce métier », m'avait-il dit. Il n'avait pas tort.

Malgré ces menus tracas, j'étais fort heureux de participer à cette aventure. Mais un drame personnel vint effacer tout le reste. Le 8 décembre 1974, alors que je suis un déplacement du président de la République aux Antilles, je suis réveillé en pleine nuit par une terrible nouvelle : la mort de Tiphaine, ma deuxième fille. Mort subite du nourrisson. Elle n'avait que quelques mois. J'étais déjà en reportage à Caracas le jour de sa naissance. J'avais à peine eu le temps de profiter de ces beaux moments qu'offre un bébé à tout jeune père. Pendant de longs jours, je m'absorbai mécaniquement dans le travail pour ne pas m'effondrer. Je me retrouvai pour la première fois confronté à cette irréparable injustice qu'est la mort d'un enfant. Une mort inexplicable et brutale, qui vous anéantit et dont rien ne peut vous consoler. Quelques années plus tard, je perdrai une autre petite fille, Garance, juste avant sa naissance, des suites d'un accident de voiture de sa mère et, en 1995, la troisième de nos filles, Solenn.

Dans ces moments-là, on s'accroche au travail comme à une bouée de sauvetage. Je deviens chef du service politique, économique et social. J'assiste à la valse des présentateurs du « 20 heures ». Au début de cette année 1975, ils étaient trois : Jean-Marie Cavada, Pierre Lescure et son ami Jean-Michel Desjeunes, professionnel surdoué qui se suicidera quelques années plus tard. C'est lui qui a lancé le sigle « PPDA » à l'antenne, un soir, pour aller plus vite. Depuis, il me colle à la peau, mais je n'en veux pas à son auteur.

On tente alors de trouver un concurrent à Roger Gicquel qui caracole en tête des sondages sur *TF1*. Comment rivaliser ? En lui opposant son clone : un journaliste aguerri, genre quinquagénaire rassurant à cheveux gris. Guy Thomas est envoyé au feu. Ça ne marche toujours pas. On lance donc la première femme présentatrice du JT, Hélène Vida, une proche de Pierre Lescure. Elle ne tiendra que trois mois. Roger Gicquel ne vacille toujours pas sur son piédestal. Finalement, la direction d'*Antenne 2*, désemparée, se décide à essayer la carte « jeune ». J'avais déjà effectué un remplacement de trois jours, en février 1976. En août, je me retrouve à prendre les commandes du « 20 heures » en alternance avec Daniel Bilalian et Didier Lecat. Chacun d'entre nous présentera le journal trois jours de suite.

Il régnait comme un parfum de liberté au sein de la rédaction. Des titres décapants, des angles différents, un ton non conformiste... Marcel Jullian, le président d'*Antenne 2*, y était pour beaucoup. Il m'avait confié la présentation du premier journal du matin de la *Deux* à Pâques 1975. C'est aujourd'hui William Leymergie qui s'impose depuis déjà longtemps dans cet exercice si particulier. Marcel Jullian, ancien éditeur du général de Gaulle (chez Plon), bouillonnait d'idées et, avec son complice Jacques Chancel, se fichait de toutes les convenances. Xavier Larrère, le directeur général, n'était pas seulement un brillant énarque ; c'était un homme d'une grande culture et d'une rare tolérance. Avec eux tous, nous avions le sentiment que les interventions du pouvoir politique n'étaient plus qu'un lointain souvenir.

Nous avons dû vite déchanter.

Au cours de l'été 1976, le pouvoir politique, inquiet de la montée de la gauche dans les sondages, organise ce qu'on appelle une reprise en mains. Notre journal était considéré comme

« gauchisant » par l'Élysée. Jean-Marie Cavada, alors responsable de la rédaction et que j'aimais beaucoup, est remercié et remplacé par Jean-Pierre Elkabbach. Pour tous il ne fait aucun doute que celui-ci est imposé par l'entourage de Giscard. Pourtant, l'homme a déjà eu à subir les foudres d'un pouvoir de droite en mai 1968. C'était – il le reste aujourd'hui, preuve de sa ténacité – un interviewer hors pair et un excellent journaliste.

Mais j'étais alors dans le collimateur de certains politiciens, car j'avais écrit dans *Télé 7 Jours* une tribune en faveur de la privatisation d'au moins une des trois chaînes publiques. Je militais ardemment pour le désengagement de l'État à la télévision. Bien sûr, ceux qui s'étaient dit favorables à cette privatisation avant les élections ne l'étaient plus, une fois au pouvoir. C'est une constante chez les hommes politiques : ils ont tendance à vouloir contrôler l'information dès qu'ils le peuvent. Ma petite incartade ayant été très mal vue, Jean-Pierre Elkabbach me rétrograda du poste de chef du service politique à celui d'adjoint (décidément, c'était la seconde fois en deux ans...), puis il me retira la présentation du « 20 heures » pour l'assurer lui-même.

Les tensions politiques étaient particulièrement vives au sein des rédactions. J'étais fatigué de ces guerres intestines, épuisantes, inutiles et professionnellement absurdes. Et voici que Paul Nahon, chef du service étranger, et Michel Thoulouze, chef des informations générales, sont eux aussi sanctionnés pour leur liberté de ton. Je suis alors prêt à démissionner et à quitter la télévision. Je ne supporte plus ce verrouillage dont l'objectif est de favoriser la majorité en place jusqu'aux élections législatives du printemps 1978. Comme si les téléspectateurs n'étaient pas capables, en tant qu'électeurs, de se faire leur propre opinion. À l'initiative cette fois d'Étienne Mougeotte, l'un des patrons d'*Europe 1*, j'envisage de rejoindre l'équipe de la radio privée, réputée pour son indépendance d'esprit.

SR : Et pourtant vous restez. L'attrait de la télévision est au fond plus fort que tout ?

PPDA : Non, simplement un événement inattendu me fait changer d'avis. À ma grande surprise, Jean-Pierre Elkabbach reprend en effet contact avec moi en me témoignant une affection de grand frère : « Il faut oublier cette petite broutille, me dit-il. Je te propose de présenter le journal cinq jours sur sept. Léon Zitrone assurera le week-end. » Le trublion redevenait premier de la classe.

Tout venait sans doute des sondages : *Antenne 2*, en appliquant le principe des présentations en alternance, ne parvenait pas à fidéliser son audience pour rivaliser avec *TF1*. Il fallait donc trouver quelqu'un capable de présenter en permanence le journal, et, si possible, aussi identifiable à la deuxième chaîne que Roger Gicquel l'était à la *Une*. J'ai bien sûr accepté sans hésiter. Et Jean-Pierre Elkabbach, épaulé de Louis Bériot à la direction de la rédaction et de Raoul Sangla à la réalisation, a contribué à me remettre en selle.

J'ai alors vécu des années fabuleuses, l'époque magique du plein essor de la télévision, en particulier de l'information télévisée grâce aux nouvelles technologies et à leur légèreté (l'arrivée des cassettes, la fin de la pellicule), mais aussi à Jean-Pierre, jamais en retard d'une idée. Nous avons monté des journaux spéciaux en Chine, en Ouganda, en Afghanistan, au Cambodge, aux États-Unis, au Salvador (en compagnie de

Bernard Kouchner pour ce dernier pays). L'équipe était soudée autour de son patron malgré quelques contentieux inévitables.

Vint notamment l'« affaire des diamants » de Giscard, révélée par *Le Canard enchaîné* quelques mois avant l'élection présidentielle de mai 1981. Ces cadeaux offerts par le président Bokassa à VGE se transformaient en bombe politique : un atout inespéré pour François Mitterrand. Claude Sérillon, en charge de la revue de presse, propose tout naturellement d'évoquer à l'antenne l'article de l'hebdomadaire satirique. Notre direction s'y oppose et le censure, ce qui provoque un vif émoi au sein de la rédaction. Je prends la défense de Claude Sérillon, un ami. Ce fut un moment d'extrême tension, car la situation politique était des plus confuses. Les sondages donnaient les deux candidats dans un mouchoir. La gauche était aux portes du pouvoir, la droite sur la défensive.

L'élection de François Mitterrand à peine annoncée (je participai à cette soirée électorale historique), le nom de Jean-Pierre Elkabbach est conspué place de la Bastille. Le lendemain, en conférence de rédaction, un journaliste va jusqu'à le traiter de « marchand de babouches ».

Lynchage obscène ! Ce 11 mai 1981, son ami Alain Duhamel est, lui, interdit d'entrée, rue Cognacq-Jay, par des journalistes qui se sont soudain découverts socialistes. Une radicalisation semble se profiler à *Antenne 2*. Un quota de journalistes communistes est imposé par le pouvoir. La plupart d'entre eux quitteront peu après le PC, et certains me confieront leur gêne d'avoir été ainsi imposés sur leur seule étiquette politique, et non pour leurs compétences professionnelles. Treize ans auparavant, en Mai 68, c'était la droite qui avait ainsi réglé ses comptes, licenciant des dizaines de journalistes de bonne qualité. C'était cette fois au tour de la gauche, et tout cela parce que les trois seules chaînes de l'époque n'avaient qu'un seul et même propriétaire : l'État.

Les chasses aux sorcières ne sont pas de mon goût. J'ai détesté le moment où Jean-Pierre Elkabbach est parti : il a été symboliquement immolé dans une ambiance d'odieuse vindicte populaire. Malgré nos différends, je considérais déjà cet affectif ultrasensible comme un grand journaliste. Le climat de guillotine qui flottait autour de lui me révulsait. Car je n'ignorais pas que, dans ces moments-là, les coupeurs de têtes ne se contentent pas d'une seule charrette…

CHAPITRE 4

SR : C'est l'époque où, venant de *Libération*, j'entre pour ma part à *Antenne 2*. Vous n'aviez alors que trente-trois ans, et pourtant vous étiez pour certains le symbole de l'ordre ancien.

PPDA : C'était ainsi. J'étais un « rescapé de l'Ancien Régime ». Nous étions quelques-uns, pas bien nombreux, à être catalogués de la sorte après la victoire de la gauche en mai 1981. Étrange posture ! On ne me reprochait aucun parti pris politique, aucun manquement à l'éthique, aucune manipulation en faveur d'un camp ou d'un autre. Non, j'avais simplement commis le péché d'avoir été là avant la « tempête rose ». Aux yeux des Fouquier-Tinville, j'étais donc suspect. D'autres avaient été sacrifiés. J'étais toujours présent à mon poste, prêt à poursuivre ma tâche : informer du mieux possible. Contre vents et marées.

La rédaction d'*Antenne 2*, que j'avais souvent défendue auprès de Maurice Ulrich, successeur de Marcel Jullian à la présidence de la chaîne, me soutenait vaillamment et avait confiance en moi. Mes censeurs – ceux qui ne supportaient plus de me voir aux commandes du JT – ne se recrutaient pas à l'intérieur de la chaîne ; ils nichaient dans les sphères du pouvoir. Je sentais confusément que les dagues s'affûtaient et qu'en même temps, les coupeurs de têtes hésitaient à me transformer en martyr médiatique. Mon éviction s'est donc effectuée en douceur, de manière homéopathique.

La première phase de l'opération s'est déroulée un soir au cours d'un dîner avec François-Henri de Virieu, nouveau directeur de l'information de la chaîne. Il venait du *Matin de Paris*, quotidien lancé par Claude Perdriel, propriétaire du *Nouvel Observateur*. J'aimais la liberté de ton de cette équipe, comme celle de *Marianne* aujourd'hui ou du *Quotidien de Paris* naguère, et j'avais essayé de les aider par tous les moyens possibles en les citant à l'antenne ou en leur donnant des articles. J'avais même été symboliquement le rédacteur en chef de leur tout dernier numéro.

Avec des gants, F.H.V. m'annonce qu'il a l'intention de m'écarter du « 20 heures » :

– Tu es le meilleur, Patrick, mais je ne peux pas te garder, me lance-t-il.

– Pourquoi ?

– Au nom du changement. Le changement, tu comprends, il faut que les gens le voient aussi à la télévision.

– Tu as quelque chose à me reprocher ?

– Rien du tout ; tu as été, au contraire, d'une grande honnêteté durant les élections. Moi, je n'ai aucun problème avec toi. J'ai présenté le Journal, par le passé. Je sais ce que c'est. Aujourd'hui, c'est toi qui effectues le mieux le travail. Ça fait cinq ans que ça dure. Tout le monde regarde *Antenne 2* durant la semaine, en grande partie grâce à toi. Mais tout cela relève du symbole. Le pays a changé ; la télévision doit changer.

À la fin du repas, François-Henri de Virieu m'avoue que l'ordre émane du nouveau PDG d'*Antenne 2*, Pierre Desgraupes. Mais que la consigne, selon lui, vient en fait de plus haut, du sommet de l'État. De l'Élysée ? François Mitterrand ne m'a pourtant jamais manifesté la moindre hostilité et nous n'avons jamais connu de différends. De Matignon ? Pierre Mauroy dit m'apprécier. En fait, à trente-trois ans, j'étais, aux yeux de quelques hiérarques socialistes, le symbole du passé, comme vous l'avez dit. C'était une sensation étrange, car je ne me sentais vraiment pas en âge de prendre ma retraite !

La rédaction a été formidablement solidaire. Elle m'a élu comme l'un de ses délégués syndicaux. De nombreux chefs de service, des journalistes de terrain, des militants, socialistes ou autres, sont montés au créneau pour me défendre. François-Henri de Virieu, après m'avoir indiqué que Christine Ockrent, bien vue du nouveau pouvoir, avait téléphoné à Pierre Desgraupes pour proposer ses services, m'a annoncé que, dans un geste d'apaisement, on avait renoncé à m'écarter et qu'on me demandait de présenter désormais les journaux du week-end en remplacement de Léon Zitrone. Je refusai. Finalement, pour éviter tout conflit public, on a opté pour une solution intermédiaire, un compromis acceptable pour tous : Christine Ockrent présenterait le journal une semaine, et moi la suivante.

Je n'avais aucune animosité personnelle envers Christine. Bien au contraire ! Je la considérais comme une grande professionnelle et je l'avais soutenue à une époque où on lui avait reproché d'avoir interviewé sans ménagements l'ancien Premier ministre du shah d'Iran, Hoveida, dans sa cellule, quelques jours avant son exécution. Mais nous étions l'un et l'autre les acteurs d'une pièce dont le metteur en scène se cachait dans un des bureaux lambrissés du pouvoir.

Ma conviction s'est trouvée confirmée le jour de mon anniversaire. Le 20 septembre 1981, je fête mes trente-quatre ans avec des amis, dont Noël Mamère qui présentait alors le journal de 18 heures 30, plus de vingt ans avant qu'il ne devienne le candidat des Verts à l'élection présidentielle de 2002. Noël, dont les positions militantes ont toujours été sincères, me fait un cadeau insolite : une cassette audio que son frère Jean, journaliste au service des sports, avait enregistrée par un étrange hasard grâce à la CB de sa voiture. Je découvre alors une conversation entre mon PDG, Pierre Desgraupes, et François-Henri de Virieu. Objet de leur entretien : ma modeste personne. Le ton du Président est autoritaire :

« Il faut le faire tomber ! Il va nous faire chier ! Fillioud me l'a confirmé. Il essaie de te manipuler. Il faut que tu lui fasses une proposition-bidon… Il est capable de tomber dans le panneau. »

Face à l'intransigeance de son supérieur, François-Henri paraît hésitant. Dans un premier temps il proteste, puis adopte une position de repli. Il répète : « OK, patron… OK, patron ! »

L'enregistrement est sans équivoque : Desgraupes demande ma tête au directeur de l'information. Si cette cassette est rendue publique ou même si elle ne fait que circuler dans la rédaction, la réputation d'indépendance des nouveaux maîtres d'*Antenne 2* sera mise à mal. Je décide d'aller rendre visite à François-Henri de Virieu et de lui révéler que je sais tout du complot qui se trame contre moi.

Ce jour-là, le geste de Noël Mamère m'a sans doute évité un bannissement télévisuel. Il m'a à tout le moins valu un sursis.

Nous étions tous deux des passionnés, et nous nous faisions l'un et l'autre une haute idée de notre métier à une époque où la main du pouvoir était aussi omniprésente qu'efficace. Ces temps ont heureusement changé, même si la tentation demeure de temps à autre au sein des chaînes publiques. C'est ce qui nous rapprochait d'un autre de mes plus proches amis de l'époque, Claude Sérillon. Journalistes, nous étions persuadés que tous les pouvoirs, quels qu'ils soient, de droite comme de gauche, cherchent en permanence à contrôler l'information. Ce qui n'a pas manqué de se vérifier durant cette période qui, en ce domaine, ne fut guère glorieuse, comme ne l'avait pas été celle de Mai 68 sous un pouvoir de droite.

SR : Vous échappez aux premières salves, mais vous restez quand même un journaliste suspect aux yeux des socialistes. Certains cachaient à peine leur défiance. Pour eux, vous étiez le giscardien qui s'accrochait à l'antenne…

PPDA : Ils se gardaient bien de le dire ! Mais, de fait, après la mise à l'écart de Jean-Marie Cavada, directeur de l'information de la première chaîne, et celle de son chef du service politique, Patrice Duhamel, il n'y avait plus que deux-trois « rescapés » à demeurer dans la ligne de mire de l'entourage mitterrandien.

En mars 1983, au cours de la soirée électorale clôturant le scrutin municipal, j'ai une altercation assez rude avec Paul Quilès, l'homme qui, au Congrès de Valence du PS, avait appelé à « couper des têtes » pour marquer de manière radicale « le changement ». En pleine émission, il me reproche d'avoir diffusé un sujet montrant des travailleurs immigrés de chez Renault utilisant des porte-voix. En d'autres termes, je parlais trop des grèves qui se multipliaient dans le pays. Je suis sidéré par le ton qu'il utilise. À ce genre de petits signes, je comprends que je me trouve en sursis. On me tolère encore, mais tout juste, et j'ai la bizarre impression d'être en liberté surveillée.

Peu de temps après, le nouveau responsable de la rédaction, Pierre Lescure, qui deviendra le dynamique patron de *Canal +* que l'on sait, revient à la charge et m'annonce que j'ai « un problème avec Pierre Desgraupes[1] ». Cela, je l'avais parfaitement compris. Il me glisse qu'il a l'intention de nommer Christine Ockrent rédactrice en chef de l'ensemble des JT, mais, bon prince, il accepte que je reste à l'antenne une semaine sur deux, sans avoir toutefois la responsabilité éditoriale des journaux que je présenterai.

En d'autres termes, on cherche à désamorcer la bombe. Je deviens un inoffensif homme-tronc sans pouvoir de contrôle sur le contenu du journal.

Cette rétrogradation n'était pas le fruit du hasard. Une semaine auparavant, après d'âpres négociations, pendant deux heures d'horloge, avec Pierre Lescure qui voulait que j'ouvre le JT sur cette séquence, j'avais relégué en deuxième position un entretien de Christine avec le président

1. Quelques années plus tard, le PDG d'*Antenne 2* me confiera avoir beaucoup regretté ce fâcheux épisode qui lui avait été imposé, selon lui, par les « circonstances politiques ». En 1992, il aura pour moi une appréciation amicale dans son livre *Hors antenne* : « Il y a longtemps eu ce petit malaise entre nous. Aujourd'hui, j'aime beaucoup ce qu'il fait à *TF1*. »

Mitterrand au lendemain du sommet de Williamsburg. Ce jour-là, deux policiers de la DST avaient été assassinés en plein Paris. On devait apprendre plus tard que leur meurtrier était le terroriste Carlos. Cette information était d'importance. Elle méritait d'autant plus l'ouverture du Journal que François Mitterrand ne nous apprenait rien de nouveau dans cette interview. Il ne faisait que paraphraser sa conférence de presse. J'avais donc tranché en faveur du fait-divers. J'ai su qu'à l'Élysée le chef de l'État en avait été agacé. J'étais sur un siège éjectable.

SR : Au fond, vous subissiez ce qu'on appelle aux États-Unis le « système des dépouilles ». Après tout changement politique, on change les têtes dans les administrations. Or la télévision, à l'époque, a le statut d'administration publique.

PPDA : C'est vrai. Je m'attends donc à être remplacé. À l'été 1983, je quitte Paris pour aider une association humanitaire, en Amérique du Sud, persuadé que mes jours sont comptés et que la rentrée va être rude. Je me prépare mentalement à faire mes bagages. J'ai la conviction qu'aucune des trois chaînes, encore sous tutelle de l'État, ne va vouloir de moi, que je ne remettrai jamais les pieds à la télévision et qu'il va me falloir préparer ma reconversion dans la presse écrite.

Je pars donc en reportage avec la mère de Yannick Noah – lequel vient de gagner Roland-Garros – en Colombie et au Pérou : nous sommes tous deux membres de l'association *Care* et une grave catastrophe a affecté cette région d'Amérique latine. Durant trois semaines, je suis injoignable. À mon retour, je découvre qu'une cabale a été montée contre moi alors que je ne me suis pas encore exprimé dans la presse.

Michel Thoulouze, qui vient tout juste d'être nommé directeur de l'information en remplacement de Pierre Lescure (le dixième en dix ans sur la *Deux* !), fait savoir dans *Libération* que je refuse d'être dirigé par une femme, en l'occurrence Christine Ockrent. Je serais donc incapable de supporter un patron en jupons. La presse se gargarise de cette affaire « croustillante ». Des sondages sont commandés pour savoir qui mérite de l'emporter dans cette guerre imaginaire entre Christine et moi. Je m'en tire bien, mais écœuré. « Ils » ont réussi : le pouvoir de l'époque a eu le dernier mot.

Fin août 1983, j'annonce officiellement mon départ, persuadé que je vais connaître une période difficile. Pour que les choses soient claires, je préfère démissionner sans négociation préalable, donc sans indemnités. C'est une sensation déprimante de se sentir un pestiféré marqué au fer « rose », alors que j'étais persuadé d'avoir fait mon devoir de journaliste, d'avoir respecté les règles de notre métier – indépendance, rigueur, respect de la vie privée, souci permanent de la justesse du fond et du ton, mise en valeur du travail des reporters, etc. Il me fallait faire le deuil de ce petit écran qui m'avait apporté tant de joies. Pendant plus de huit ans, je m'étais senti au sein de la rédaction d'*Antenne 2* comme dans une seconde famille. Mais je me suis dit qu'il n'y a rien de mieux qu'un affront pour rebondir ensuite.

SR : Vous entamez alors votre « traversée du désert », un peu comme les hommes politiques qui revendiquent ces moments de solitude où l'on se retrouve face à soi-même. Le syndrome de l'homme sur la montagne…

PPDA : Ce n'est pas dans ma nature. J'aurais pu me morfondre dans une affliction revancharde, crier au martyre, à la censure, à l'exécution publique. Je n'aime pas les geignards. J'ai découvert en ces moments que j'avais le cuir plutôt épais et que j'aimais profondément mon métier, encore plus que je ne l'imaginais. En fait, cette « mise à mort » télévisuelle, pour reprendre le titre d'un quotidien de l'époque, a été pour moi une chance formidable. Elle m'a permis de découvrir de plus près la presse écrite et de participer à de belles aventures.

Dès l'annonce de mon départ, Paul Giannoli, patron du *Journal du Dimanche*, et Roger Thérond, figure mythique de *Paris-Match*, surnommé « l'Œil » pour son sens de l'image-photo, me proposent de collaborer aux deux titres. Je n'hésite pas une seconde et entre dans ces deux journaux début septembre après avoir décliné une proposition gratifiante de la BBC. J'avais un peu perdu le plaisir du reportage, de la découverte de nouveaux horizons en toute liberté, avec pour seul outil un stylo. Grâce à ces deux grands journalistes, j'ai pu faire, parmi de multiples reportages, le tour du monde en train avec le photographe Benoît Gysembergh[1]. Nous avions choisi de courir sur les traces de Phileas Fogg puis de Jean Cocteau en reliant par exemple Moscou à Pékin par le Transsibérien, ou New York à San Francisco, sans compter d'autres trains de légende en Afrique, en Amérique du Sud, en Inde, à Java, au Canada… et bien sûr l'Orient-Express que je retrouvai quinze ans après mon job d'étudiant, mais, cette fois, dans un compartiment de luxe… J'ai vécu là des instants magiques loin des orages de l'actualité et des pressions politiques. Je redevenais Tintin découvrant le monde.

Je réalisai que j'avais une furieuse envie d'écrire non seulement des articles, mais aussi des romans. Grâce à cet « exil » loin de l'objectif des caméras, j'ai acquis la certitude définitive de vouloir devenir écrivain.

Mes rêves de jeunesse resurgissaient, plus vivants que jamais. Mes projets d'adolescence (romancier-voyageur) refaisaient surface avec force. Je me sentais libre, prêt à affronter les parages inconnus de l'aventure littéraire. J'avais

1. *Les Derniers Trains de rêve*, éditions du Chêne, 1986.

déjà publié en 1982 un roman, *Les Enfants de l'aube*, qui avait connu un grand succès ; il m'avait valu de magnifiques lettres de lecteurs, un lien exceptionnel avec un public qui allait me rester fidèle par delà toutes les péripéties audiovisuelles, un passage mémorable à « Apostrophes », mais aussi les inévitables jalousies du milieu quand tout vous réussit un peu trop bien. Je n'étais pourtant pas encore sûr du chemin que je souhaitais emprunter.

SR : Vous vous êtes en somme distrait, si je puis dire, avec l'écriture ?

PPDA : Écrire n'est pas un jeu. Ni une façon de se changer les idées. C'est un bras-le-corps avec ce que l'on n'ose pas dire de soi. On reproche souvent aux journalistes de s'abandonner au roman par opportunisme ou par vanité, cédant souvent à l'« amicale pression » d'un éditeur en mal de personnalités renommées. Généralement, ceux qui n'ont pas l'écriture chevillée au corps font un tour de piste et puis s'en vont. L'épreuve que représente la bataille solitaire face à la page blanche vous endurcit. Le petit milieu des critiques littéraires peut vite se révéler féroce avec les journalistes, ou à tout le moins manquer d'indulgence à leur égard. Ce n'est pas plus mal : l'expérience vous aguerrit.

En 1984, j'ai publié *Deux amants*[1], un texte de jeunesse dont j'avais imaginé les grandes lignes peu après *Les Enfants de l'aube*, puis, l'année suivante, *La Traversée du miroir*[2]. Je savais alors que je m'engageais dans une voie que je ne quitterais jamais plus, quels que soient les obstacles et les doutes.

J'écrirai pour le restant de mes jours. Sensation grisante ! Elle vous porte, vous permet d'amortir les chocs de la vie. L'écriture n'est pas une thérapie. C'est bien plus fort. C'est une manière non seulement de supporter l'existence, mais de la transcender, de la rêver souvent, de demeurer en permanence en débat avec soi-même.

SR : C'était peut-être aussi une façon de vous faire oublier du pouvoir ?

---

1. *Deux amants*, Lattès, 1984.
2. *La Traversée du miroir*, Balland, 1985.

PPDA : Je n'ai pas cette impression. Pendant cette « traversée du désert », pour reprendre votre expression, mais que je n'ai pas vécu comme telle, j'ai d'ailleurs été l'acteur involontaire d'un épisode saugrenu.

En 1984, François Mitterrand me fait savoir qu'il aimerait me rencontrer. On a beau être sur ses gardes, il est difficile de ne pas répondre à une convocation du président de la République. Je me rends donc à l'Élysée. Sans perdre de temps, il me confie :

– Je ne suis pour rien dans votre départ, monsieur Poivre d'Arvor. Croyez-le. Bien sûr, je sais : autour de moi, certains font du zèle, mais que voulez-vous...

La formule a dû beaucoup servir : « Certains font du zèle... » Voulait-il me signifier que son entourage avait voulu lui faire plaisir en me jetant par-dessus bord ? Je n'ai pas eu, à cet instant, la répartie nécessaire. J'étais pourtant persuadé qu'il était bien à l'origine de mon bannissement, mais j'avais depuis longtemps tourné la page.

Au bout de quelques minutes, comme si les contingences politiques ne présentaient à ses yeux aucun intérêt, il s'est lancé dans une longue conversation sur les trains. Je savais qu'il nourrissait une passion pour les locomotives, les voies ferrées. Peut-être à cause de son père, chef de gare. Là, il me laissait entendre qu'avec mes reportages dans *Match* et ce livre sur les *Derniers trains de rêve*, je l'avais intrigué. Subitement, j'étais devenu pour lui un personnage intéressant. Davantage, en tout cas, qu'un ludion du petit écran. J'avais la vague impression d'être un papillon sous la loupe d'un entomologiste.

Durant une heure et demie, nous avons parlé de grands espaces et plus particulièrement de la Mongolie que j'avais visitée. Avec, de sa part, vingt minutes éblouissantes sur les grands vents d'Asie. Avait-il préparé cet entretien ? En tout cas, il révélait une érudition hors du commun. Il me fit là un assez joli numéro de charme.

Je découvrirais quelques semaines plus tard que son opération séduction avait un but politique très précis. Un soir, je reçois un coup de téléphone de son ami et confident, François de Grossouvre. Ce conseiller secret aux allures de duc de Guise me propose tout simplement de me présenter aux élections européennes (prévues pour le printemps) à la tête d'une liste de centre gauche. Le chef de l'État avait donc pensé que j'avais le profil politique pour occuper cette place. Ils avaient procédé à des sondages : selon eux, j'étais le numéro un des personnalités de la société civile. Je me montrai on ne peut plus dubitatif. François de Grossouvre, fort sérieux, poursuivit :

– Ne vous inquiétez pas, vous ne serez pas seul. Vous serez cornaqué par deux hommes d'expérience : Edgar et Maurice Faure.

L'attelage me paraissant bien improbable, je répondis à mon interlocuteur que je n'avais ni l'envie ni les capacités de figurer sur une telle liste.

Pourtant, le lendemain, je reçois un appel d'Edgar Faure. Notre première prise de contact, à mes tout débuts à la radio, avait été des plus réjouissante :

« Ah, mon cher Fabre d'Arvor ! Savez-vous, cher ami, que nous sommes en quelque sorte cousins ? Fabre, voyez-vous, vient du latin *faber*, qui se décline aussi par Faure, en français. Nous sommes donc faits pour nous entendre !

Dix ans plus tard, nous étions toujours aussi faits pour nous entendre :

– Je viens d'avoir le Château, me lance-t-il. Fabre, vous serez numéro deux sur la liste. Ne vous faites aucun souci : je vais m'arranger avec Maurice pour qu'il n'en prenne pas ombrage.

J'essayai en vain de lui faire part de mes doutes. Edgar Faure finit par raccrocher sans s'intéresser vraiment à mon point de vue sur la question.

J'oublie et pars en reportage. Quelques jours plus tard, il me rappelle. À la lumière de nouveaux sondages secrets effectués pour le compte de l'Élysée, j'apparaissais comme le plus populaire et le plus crédible de ce trio insolite. Notre liste réunissait sur elle entre 6 et 8 % des intentions de vote. Nous avions donc deux ou trois élus potentiels. Avec une décontraction et un aplomb stupéfiants, Edgar Faure me dit :

– Voilà : vous serez tête de liste ! C'est mon idée. Vous savez, à mon âge, les honneurs…

SR : Cette scène est cocasse. En même temps, elle montre bien le pouvoir politique que vous détenez. Vous n'êtes plus un simple journaliste.

PPDA : Bien sûr que ma notoriété pouvait jouer un rôle et qu'on pouvait m'utiliser à des fins électorales ! Plus tard, d'ailleurs, Noël

Mamère et Jean-Marie Cavada n'auront aucun mal à s'imposer dans ce nouveau métier. Tout comme François Baroin, jeune journaliste à *Europe 1*, devenu aujourd'hui ministre, ou Dominique Baudis, présentateur de la *Trois*, qui venait tout juste, l'année précédente, d'entrer au Capitole comme maire de Toulouse.

Mais, à l'époque, pour ce qui me concerne, j'avais du mal à prendre tout cela au sérieux. Pourquoi François Mitterrand, l'homme qui avait, malgré ses dires, réussi à m'éloigner du « 20 heures », me proposait-il un fauteuil de député européen ? Il venait d'effectuer le grand tournant de la rigueur en 1983. Les sondages commençaient à se révéler désastreux pour la gauche. Il avait impérativement besoin d'un repositionnement ou d'un appui au centre. Mais pourquoi moi ? Et en tête de liste, de surcroît ?

Je finis par convaincre Edgar Faure que l'idée de l'Élysée était saugrenue, qu'on ne faisait pas de politique uniquement avec des sondages, et que je préférais mon métier de base : journaliste. J'avais peu de goût pour les coulisses, les arrière-cuisines, les jeux d'alliance concoctés dans le secret. L'offre était assez cocasse, mais très peu pour moi ! Je déclinai.

Finalement, le Président allait parvenir à enrôler dans cette opération mon ami Brice Lalonde qui avait été candidat écologiste à l'élection présidentielle de 1981. J'avais d'ailleurs voté pour lui. Nous avions fondé « Les Nouveaux romantiques », avec notamment Gonzague Saint-Bris, Jean-Edern Hallier, Francis Huster, Étienne Roda-Gil et Frédéric Mitterrand. C'était un mouvement littéraire qui faisait référence aux « Nouveaux Philosophes ». Il ne vécut que le temps d'une photo aux pieds de notre poète polonais préféré, Adam Mickiewicz.

Finalement, le trio chargé d'occuper le centre gauche, conformément aux vœux du chef de l'État, fut constitué de Brice, d'Olivier Stirn, jeune ancien ministre gaulliste, et de François Doubin, président des radicaux de gauche. La liste, « ERE », obtiendrait moins de 5 % des voix.

Cette petite histoire m'a permis d'en apprendre encore un peu plus sur le monde politique. J'ai du respect pour ceux qui montrent un sens aigu du service public et se dévouent avec loyauté pour leurs concitoyens. Je n'étais simplement pas fait, à cette époque, pour ce genre d'activité, alors que, pour une fois, j'avais un peu de temps devant moi.

SR : Vous pensiez alors sincèrement en avoir fini avec la télévision ?

PPDA : Ce sont les circonstances qui ont décidé pour moi. Après cette « parenthèse enchantée », pour reprendre une expression de Mai 68, je fis à nouveau une petite incursion dans le monde télévisuel, à *Canal +* qui venait de naître. C'est André Rousselet qui m'en fit la proposition. J'avais de l'estime pour ses allures de gentilhomme et pour ses audaces passées dans le monde de la presse (il avait tenté d'adapter aux mœurs françaises le remarquable *Sport Illustrated*). Il me jura que lui non plus, bien que directeur du cabinet du président de la République, n'avait pas apprécié mon départ d'*Antenne 2*. Son second à *Canal +*, Pierre Lescure, fut encore plus franc : « Après ce malheureux épisode qui ne m'a pas laissé de bons souvenirs, je te devais bien cela », me confessa-t-il. Ils me confièrent tous deux une tâche stratégique : l'animation de la seule tranche « en clair » de la chaîne cryptée, entre 19 et 20 heures.

Pour de nombreux téléspectateurs, je fus, le jour du lancement de *Canal +*, en novembre 1984, le seul visage « visible » de la chaîne. Dominique Farrugia fut l'un de mes assistants pour ce talk-show, « Tous en scène » ; Agnès Gribbe était à mes côtés ; Christophe Dechavanne présentait la météo ; ma complice, Dominique Cantien, produisait l'émission ; Antoine de Caunes me précédait avec un concept musical de haute volée.

J'aime beaucoup l'idée de la page blanche où tout peut s'écrire. J'avais déjà eu la chance d'être là au premier jour de la création d'*Antenne 2*, le 6 janvier 1975. Plus tard, je connaîtrai la même émotion lors de la privatisation de *TF1* en 1987, puis à la naissance de *LCI* le 24 juin 1994 (ma première chronique littéraire dans « Place au Livre » date de ce jour-là), et enfin en 1999 lorsque Patrick Le Lay créera *TV Breiz* (dont je suis toujours le vice-président).

SR : Cette expérience sur *Canal +* se révèle peu concluante. Avec le recul, comment l'analysez-vous ?

PPDA : L'aventure de *Canal +* était passionnante, mais j'ai eu du mal à y trouver ma place. On inventait un style qui mêlait paillettes et information. On me demandait surtout, dans cette tranche en clair, de mettre en valeur les programmes cryptés pour déclencher des abonnements qui tardaient à venir, car les premiers temps furent rudes pour cette jeune chaîne moquée de tous, à gauche comme à droite et dans la presse. Nous mîmes du temps à trouver nos marques dans ce genre hybride. J'étais trop profondément imprégné par la pratique de l'information quotidienne. J'avais besoin du crépitement des télescripteurs, du bourdonnement d'une rédaction, des aléas de l'actualité. De toute façon, aucune des émissions lancées par *Canal +* à ses débuts ne tenait la route. J'ai donc pris mes distances avec une pointe de regret, car j'appréciais l'équipe qui gravitait autour de Pierre Lescure et notamment Philippe Ramond. C'étaient des pionniers. Ils inventaient une nouvelle télévision, parfois en tâtonnant, mais l'aventure était exaltante.

J'ai vécu alors une expérience peu ordinaire : j'ai fait l'acteur sans en avoir le talent ni la vocation. Plutôt introverti, mais curieux de tout, je me suis dit qu'il me fallait oser ce pari. Claude Lelouch m'a proposé de jouer le compagnon d'Anouk Aimée dans *Vingt ans déjà*, avant que Jean-Louis Trintignant ne revienne dans sa vie (à l'écran). C'était la suite, vingt ans après, du mythique succès de Lelouch, *Un homme et une femme*. Je me liai d'amitié avec Anouk et avec celle qui jouait sa fille dans le film, Évelyne Bouix.

J'éprouvais un grand plaisir à leur donner la réplique, mais, dans le même temps, je ne me sentais pas, là non plus, à ma place. Le journalisme est un métier, le cinéma en est un autre. Vingt ans après mes expériences de figurant, je retrouvais l'interminable attente entre les prises. Moi qui avais l'habitude d'affronter une caméra au pas de course, je m'installais face au « désert des Tartares », découvrant quotidiennement les ascétiques vertus de la patience. C'était comme une grande récréation, un reportage *in vivo* sur un univers si différent du mien. J'y ai beaucoup appris sur les acteurs, leurs manies, leur égo écorché face à l'incroyable opiniâtreté des réalisateurs.

En mai 1986, Claude Lelouch s'est fait un petit plaisir : vingt ans tout juste après sa Palme d'or, nous avons gravi ensemble les marches du Palais du Festival de Cannes. J'étais pour la première fois vraiment de l'autre côté de la barrière. Sensation fausse et grisante à la fois. J'avoue avoir du mal avec la représentation de mes traits. Je n'aime pas mon image. Je trouve toujours mille défauts à une photographie de moi, aussi parfaite soit-elle sur le plan technique. Bref, je ne dois pas m'apprécier suffisamment pour faire l'acteur. Le cinéma n'en fut pas moins pour moi une jolie escapade.

Le film, hélas pour Claude, ne connut pas un succès retentissant. Une vingtaine de fois je participerai à nouveau à des films, mais pour des tournages beaucoup plus courts. La palme de la brièveté reviendra à un doublage du dessin animé *Les Indestructibles.* Il s'agissait d'une production Disney où l'on avait su user de l'humour au second degré, ce qui m'allait tout à fait : cela correspondait assez au regard que je porte sur mon métier. J'eus également beaucoup de plaisir à répondre en 1995 à une sollicitation du directeur de l'Opéra, Hugues Gall, pour *Grandeur et décadence de la ville de Mahagonny*, de Kurt Weill, sous la direction musicale de Jeffrey Tate, avec l'excellente Felicity Palmer.

J'y interprétai le rôle du « Sprecher ». Et, tout récemment, j'ai joué le récitant dans *Pierre et le loup*, de Prokofiev, avec l'orchestre d'Auvergne, pour les besoins d'une association à but humanitaire, « L'Auvergne pour un enfant ». Il s'agissait de permettre que fussent opérés en France des petits enfants étrangers qui, s'ils restaient sur place, étaient voués à une mort certaine.

SR : Là, petite anecdote : vous croisez la route d'un jeune inconnu, Thierry Ardisson. Vous travaillez même avec lui…

PPDA : Quand, au cours de l'été 1986, peu après la sortie de *Vingt ans déjà*, Marie-France Brière me propose la présentation d'un talk-show innovant, le dimanche après-midi, sur *TF1* alors présidée par Hervé Bourges, je n'hésite pas longtemps. L'émission, « À la folie, pas du tout », était produite par Catherine Barma et par un certain… Thierry Ardisson, effectivement. Leur idée était de mêler variétés et information, mais en tentant d'obtenir des scoops journalistiques. Hervé Bourges avait jugé que la première expérience de Thierry en tant que présentateur de l'émission dominicale « Scoop » n'avait pas été concluante. Lui-même, à l'époque très traqueur à l'antenne, n'était pas loin de penser comme son patron.

Nous avons, je crois, constitué un trio très efficace, eux derrière, moi devant. Nous avons pu ainsi recevoir des invités détonants : Jean-Edern Hallier, arrivé à scooter sur le plateau en uniforme d'académicien ; le prédicateur Billy Graham qui prêcha en direct ; des échanges surprenants entre Léo Ferré et le comte de Paris, Serge Gainsbourg et Charlotte Rampling, Daniel Cohn-Bendit et Miss Monde, Charles Trénet et Jack Lang aux fourneaux, l'abbé Pierre et Stéphanie de Monaco, sœur Emmanuelle et une avocate transsexuelle, Dalida et Alexandre Jardin, Johnny Halliday et François Léotard, à l'époque ministre de la Culture, Michel Rocard et Alain Delon, Charles Vanel et Marcello Mastroianni, Alain Prost et Stefano Casiraghi, Vanessa Paradis et Bernard Kouchner, Gloria Lasso et Pierrette Le Pen (en plein divorce avec son mari et qui venait de publier des photos disons « osées » dans *Play-boy*), bref, un certain nombre d'attelages improbables qui allaient préfigurer un style de télévision précurseur, parfois sulfureux, mais souvent plus instructif qu'il y paraissait à première vue. Car ces personnalités que j'interviewais en direct avaient du temps pour s'exprimer et se livraient plus spontanément que dans le cadre d'émissions classiques.

Michèle Barzach, ministre de la Santé de Jacques Chirac, alors Premier ministre, a vécu avec nous une après-midi mouvementée. Aux Buttes Chaumont, notre plateau fut envahi par des étudiants en médecine très vindicatifs. L'ambiance était tendue, électrique. La situation pouvait déraper à tout moment et se terminer en bataille rangée. Nous avons parlementé avec nos « envahisseurs », et, finalement, l'émission fut interrompue sans casse, même si la ministre ne put regagner son véhicule dont les manifestants avaient crevé les pneus. Pendant toutes ces longues minutes, Catherine Barma et moi avons cherché Thierry Ardisson partout. Il avait disparu. Éprouvait-il une aversion particulière pour les études de médecine ou pour les échauffourées ? Je ne l'ai jamais su. En tout cas, il est indéniable qu'il a puisé dans cette expérience une réserve d'idées qu'il exploite toujours, en les renouvelant, vingt ans après, dans ses propres émissions. Thierry reste avant toute chose un excellent publicitaire, doué pour la détection des modes, des tendances et de ceux qui les incarnent.

CHAPITRE 5

SR : Finalement, après ce Purgatoire – fût-il enchanté –, le « petit écran » revient frapper à votre porte. En fait, vous n'avez vécu que quatre petites années sans éprouver le frisson du « 20 heures ». Ce n'était donc pas si terrible ?

PPDA : C'est exactement ce que je vous ai dit plus tôt. Cette période fut pour moi très enrichissante. Elle m'a permis de mieux me connaître, et aussi d'explorer de nouveaux territoires, notamment la presse écrite, travail qui me passionnait. *Paris-Match* me donnait carte blanche, et j'ai réalisé pour le *Journal du Dimanche* quelque deux cent cinquante portraits-interviews publiés en page 2. J'en ai d'ailleurs tiré un livre, *Rencontres*[1], et des souvenirs de belles découvertes. L'une des plus fortes reste celle du chanteur Daniel Balavoine. Je n'ai pourtant jamais publié le portrait que j'ai brossé de lui. Je l'avais rejoint au Niger, en marge du Paris-Dakar, pour l'aider à financer ses projets de puits dans des villages trop vite traversés par les concurrents du rallye. Nous avions passé trois jours ensemble et il m'avait proposé de continuer avec lui au Mali en hélicoptère. Je devais regagner Paris. Je cédai ma place à ma consœur du *JDD*, Nathalie Odent, qui embarqua avec Daniel, Thierry Sabine, l'organisateur du rallye, et Marc Le Fur, un technicien de *RTL*, dans l'appareil piloté par François-Xavier Bagnoud, le fils de mon amie Albina du Boisrouvray. Une heure après mon arrivée à Paris, j'appris que l'hélicoptère s'était écrasé sur le sommet d'une dune, poussé par un vent de sable. Il n'y avait eu aucun survivant… Je pense souvent à eux.

S.R : En 1987, tout s'est trouvé à nouveau bousculé pour vous. Il faut dire que le paysage audiovisuel était en plein chambardement.

---

1. *Rencontres*, Lattès, 1987.

PPDA : La libération des ondes que j'appelais de mes vœux depuis des années était en effet en route. Robert Hersant, épaulé par Silvio Berlusconi (lui-même encouragé par François Mitterrand et son ami socialiste italien Bettino Craxi), lançait la *Cinq* ; Jérôme Monod, Jean Drucker et Nicolas de Tavernost mettaient la *Six* sur les rails. Jean-Luc Lagardère et Francis Bouygues convoitaient la première chaîne. C'est le second qui l'obtint.

C'était aussi un moment passionnant pour les journalistes, car nous vivions la première cohabitation de l'histoire de la Vᵉ République entre François Mitterrand, à l'Élysée, et Jacques Chirac à Matignon. Les deux pouvoirs s'équilibrant et se surveillant, les pressions sur les journalistes se faisaient beaucoup plus discrètes.

J'ai alors reçu trois propositions dans la même semaine. Claude Contamine, PDG d'*Antenne 2*, me demande de rentrer au bercail, si je puis dire, pour présenter le « 20 heures ». Robert Hersant me fait la même proposition pour la future *Cinq*. Enfin Patrick Le Lay me fait contacter par Marie-France Brière, alors directrice des variétés d'*Antenne 2*, visiblement séduite par son approche pragmatique. Au cours d'un dîner, il me propose à son tour la présentation du JT sur *TF1*.

Après quatre ans d'isolement, j'étais soudain assailli d'offres plus attrayantes les unes que les autres. D'autant plus que tous me proposaient une émission hebdomadaire parallèlement au JT.

Le Tout-Paris se répandait en haussements d'épaules sur l'équipe de Francis Bouygues et sur sa méconnaissance de l'univers de la télévision. Beaucoup ricanaient, brocardant l'incompétent : comment un entrepreneur du bâtiment, certes parmi les tout premiers mondiaux, pourrait-il gérer une machinerie aussi délicate, aussi fragile qu'une chaîne de télévision ? Tel était le discours dominant.

De nombreux animateurs-vedettes étaient plus sensibles au projet de Robert Hersant, patron d'un empire de presse. D'autant plus qu'il était accompagné de Silvio Berlusconi, qui avait su y faire en Italie, puis de Jean-Luc Lagardère, condottiere très respecté. Et que leurs propositions financières étaient de loin les plus alléchantes ! Patrick Sébastien, Patrick Sabatier, Stéphane Collaro, Philippe Bouvard partirent tenter leur chance sur la *Cinq*. Comme Anne

Sinclair, je déclinai les offres insistantes des deux tycoons. Je craignais une antenne par trop partisane. À tort, semble-t-il : Guillaume Durand, qui accepta le « 20 heures » qu'on m'avait proposé, en porta témoignage, comme son directeur de l'information, Patrice Duhamel.

Les « maçons » faisaient de leur côté figure d'épouvantails pour certains, d'amateurs pour d'autres. Malgré tout, mon choix s'est assez vite porté sur eux. Sans doute à cause de la personnalité hors du commun des deux hommes à la barre du projet.

Patrick Le Lay, brillant ingénieur, est breton (donc aussi peu souple que moi !). Nous avons immédiatement « accroché » au cours d'un dîner tardif pris à la maison. Il est passé en coup de vent, vers 23 heures. Nous n'avions dîné ni l'un ni l'autre et nous avons ouvert en hâte un bocal de conserves en forçant le couvercle à coups de marteau... Nous étions déjà pressés. Dix-huit ans après, nous le sommes restés !

Le Lay m'a dit qu'il me voulait à tout prix, même s'il ne pouvait s'aligner sur les tarifs de la *Cinq* : « Entre Bretons, a-t-il ajouté, nous sommes obligés de nous entendre...

– Et de nous affronter, ai-je répondu. Parce que vous m'avez l'air d'être aussi têtu que moi ! »

Il a souri. Nous nous sommes en effet parfois affrontés, rugueusement, même, mais toujours à la loyale. Il a le sens de la fidélité et celui de la parole donnée.

Quant à Francis Bouygues, je l'ai rencontré dès le lendemain, à 8 heures, à son domicile. Dans sa précipitation, « PLL », comme je n'allais pas tarder à l'appeler, avait fixé trois rendez-vous à la même heure. Je me souviens de l'air gêné de mes deux illustres camarades croisés dans le vestibule : ils venaient de jurer *urbi et orbi* qu'au grand jamais ils ne quitteraient le service public. L'un d'eux y est resté. L'autre nous a rejoints.

J'ai tout de suite été impressionné par la personnalité de Francis Bouygues, par sa stature, sa truculence, sa franchise. Il m'a dit sans détours :

– Moi, les programmes, je n'y connais rien. Je confonds Sébastien et Sabatier. Ces deux-là l'ont mal pris, ils sont partis sur la *Cinq*, comme une volée de moineaux, avec des tas d'autres d'ailleurs. Mais cela n'a pas d'importance. Par contre, l'info, je connais ! J'ai fait demander à Masure, qui est un rigolo, de présenter le samedi et le dimanche. Il a répondu qu'il était contre la privatisation de *TF1*. Je lui ai triplé son salaire. Tout d'un coup il est devenu pour. Il a accepté. Mais pour les choses sérieuses, en semaine, je veux que ce soit vous. Il paraît que vous êtes d'une nature indépendante. Ça me va. Tenez-moi les politiques à distance. Je me méfie d'eux.

Il était très convaincant, charismatique. Contrairement à de nombreux confrères, j'ai cru d'emblée à cette équipe Bouygues-Le Lay-Mougeotte.

Étienne Mougeotte, lui, m'avait donné carte blanche dès notre première rencontre, un dimanche matin, chez moi. À condition de réussir, bien sûr... Mais la règle du jeu avait le mérite de la clarté. Et tout son parcours plaidait pour lui. Partout où il était passé – à *Europe 1*, au *Journal du Dimanche*, à *Télé 7 Jours* –, il avait gagné. Il a toujours été doué d'un flair exceptionnel pour deviner les tendances et les lignes de pente de la société française.

Peu de temps auparavant, mon vieux complice Paul Lefèvre, président de la société des rédacteurs d'*Antenne 2*, m'avait prévenu des difficultés que je risquais de rencontrer si je revenais au bercail de la *Deux*. Ceux que je considérais comme ma famille naturelle n'éprouvaient plus le même enthousiasme à l'idée de me voir réapparaître. J'étais, paraît-il, devenu une « star » à leurs yeux et ils craignaient que je cherche à tout régenter.

SR : Vous heurtiez aussi d'autres ambitions qui avaient pu voir le jour en votre absence. De fait, le retour du fils prodigue ou celui du réprouvé n'était pas dénué de risques...

PPDA : Ç'aurait été pourtant pour moi un beau challenge, car je restais très attaché à la *Deux*. Mais il faut savoir tourner les pages. J'ai donc pris le risque de tenter l'aventure de *TF1* privatisée, d'autant plus que ma seule condition – être le patron du journal, pour ne pas retomber dans les palinodies que j'avais connues sur la *Deux* – avait été acceptée sans problèmes par mes employeurs et par Michèle Cotta, directrice de l'information.

Très vite, j'ai découvert l'efficacité des « Bouygues-boys », mais surtout la latitude qu'ils m'accordaient pour organiser le journal tel que je le concevais. J'ai rarement travaillé aussi librement.

Francis Bouygues reste, avec Jean-Luc Lagardère, un des hommes les plus entraînants que j'aie rencontrés. Il disait régulièrement : « Je veux de l'excellence en toute chose. » Et passait de la parole aux actes.

Quand il a créé sa société de production de cinéma, CB 2000, il ne recrutait que les plus grands réalisateurs, comme David Lynch, Pedro Almodovar, Jane Campion ou encore Bernardo Bertolucci. En quelques années, celui qu'on prenait pour un « chef de chantier » a obtenu trois Palmes d'or au Festival de Cannes. Là encore, j'étais étonné, quand nous nous rencontrions, de la culture cinématographique toute neuve qu'il avait ingurgitée comme un écolier, de la passion qu'il mettait en chaque entreprise.

Nous l'aimions pour sa capacité de travail, pour son bon sens, sa rigueur, mais aussi pour son indépendance d'esprit. Homme libre, ce grand capitaine d'industrie tenait les hommes politiques dans un respect tout relatif. Il ne les sacralisait pas, ne les flattait pas, ne les critiquait pas davantage. Il avançait, c'est tout. Chacun son métier. Sur ce sujet, son fils Martin lui ressemble en tout point.

Avec Francis Bouygues, nous n'avons eu qu'un seul désaccord : l'éviction de Michel Polac, qu'il jugeait par trop provocateur mais pour lequel j'avais de la tendresse. Je n'étais pas parvenu à infléchir sa position. Pour le reste, ni lui ni son fils ni Patrick Le Lay ne sont jamais intervenus dans le contenu du journal.

Il y eut néanmoins deux petites exceptions, au tout début. La première fois, Patrick Le Lay m'a demandé d'interviewer Paul Quilès à l'occasion du lancement de la fusée Ariane ; j'ai refusé, estimant qu'un politique n'était pas la personne la mieux adaptée pour commenter l'événement. Le ministre de l'Industrie m'a téléphoné, un peu raide, en me demandant : « Qui dirige, ici ? Le Lay ou PPDA ? » Je n'ai pas cédé. Patrick Le Lay ne parut pas fâché de mon attitude, au contraire. Il a très vite compris qu'il était beaucoup plus habile de nous laisser la responsabilité de ce genre de décision pour lui éviter de se fâcher avec les politiques. Nous nous répartissions les rôles et la rédaction s'en trouvait protégée dans son indépendance.

SR : On a du mal à croire que dans une grande entreprise comme Bouygues, partiellement dépendante des commandes d'État, on n'ait pas plus régulièrement tenté quelque immixtion dans le champ rédactionnel de la chaîne. C'est presque trop beau…

PPDA : Et les entreprises du service du public ? Ne sont-elles pas entièrement liées à l'État ? La liberté se conquiert quand on le veut vraiment. Tous les journalistes de la maison pourront vous le confirmer.

La seule autre intervention que j'aie connue concerne la régie publicitaire. La société Chambourcy, annonceur prisé, menaçait de retirer son budget à *TF1* si nous enquêtions sur le chantage d'un individu qui prétendait avoir glissé des lames de rasoir dans des dizaines de pots de yaourt. Apparemment, il s'agissait d'un fou ou d'un mythomane, mais comment en être sûr ? Nous nous devions d'informer les consommateurs sans provoquer de panique. C'est le genre de problème que nous rencontrons parfois : comment concilier information, santé publique et survie d'une firme employant des centaines de salariés ? J'ai tranché, contre l'avis de Michèle

Cotta, directrice de l'information, qui, elle, avait été sensible aux arguments de l'entreprise. Chacun était dans sa logique, éminemment respectable. Nous avons donné l'information avec les précautions d'usage, pour éviter tout affolement. Là encore, Patrick Le Lay a très bien compris notre mode de fonctionnement.

Par la suite, entre nous les règles étaient limpides. Je n'ai plus jamais connu la moindre anicroche avec la direction générale. Sauf le jour où un chef de chaîne interrompit malencontreusement en direct un débat que nous avions monté dans le journal entre deux Prix Nobel, Georges Charpak et Pierre-Gilles de Gennes. La rédaction était très motivée, composée de jeunes journalistes parfois surpris de goûter à pareille liberté dans leur travail. Le privé n'était donc pas la maison du Diable que certains journaux se plaisaient à caricaturer. Quant à l'encadrement, il était d'une grande qualité. Pierre Géraud, Robert Namias, Geneviève Galey, tous ceux qui travaillèrent à mes côtés pour le « 20 heures » devinrent des amis. Ils étaient respectés de tous, comme le sont aujourd'hui Jean-Pierre Pernaut, Claire Chazal et leurs rédacteurs en chef.

Nous avions un challenge à relever : reprendre le leadership à *Antenne 2* (lors de mes derniers mois de présentation en alternance avec Christine Ockrent, nous avions réussi à devancer la *Une*). Très vite, nous sommes revenus à la hauteur de nos concurrents, puis nous les avons dépassés. Ce fut une sacrée performance !

Depuis lors, notre « 20 heures » a fait chaque soir la course en tête (ce qui fait près de sept mille fois consécutives…). Il oscille régulièrement entre huit et dix millions de téléspectateurs, meilleure audience européenne avec celle de la chaîne allemande ARD, et il a même dépassé un jour la barre des quatorze millions. Plus surprenant : chaque soir, il bat en audience les JT des grands dinosaures américains, CBS, ABC et NBC, bien que ces canaux s'adressent à un bassin de population quatre fois supérieur à celui de la France.

SR : Vous n'étiez plus le paria du début des années 80. Le contentieux avec l'Élysée était oublié ?

PPDA : C'est à cette époque, vers le début de l'année 1988, que le président de la République a repris contact avec moi, sans doute au nom du principe de réalité. François Mitterrand se préparait à repartir pour un second mandat. Il était évident qu'il trouverait en face de lui son Premier ministre, Jacques Chirac. L'affrontement s'annonçait particulièrement rude. Il m'invite alors à plusieurs reprises à l'Élysée et redéploie à mon intention sa panoplie de charmeur.

Son conseiller en communication, Jacques Pilhan, me propose de faire un journal en direct de Bruxelles, dans lequel François Mitterrand serait l'invité principal. Tout le monde attend qu'il y réponde à la question fatidique : « Allez-vous être candidat à la prochaine élection présidentielle ? » Il reste très évasif, il esquive puis, après le journal, m'invite à dîner avant de se reprendre et de préciser : « Non, il y aura trop de monde… » Il me donne alors rendez-vous pour le petit déjeuner à la résidence de l'Ambassade de France où il va passer la nuit. Le lendemain matin, je le retrouve autour d'un café. Il fait comme à son habitude. Il écarte Jacques Attali, qui s'est attablé avec nous, en sorte que nous restons seuls. Il tourne, virevolte, multiplie les circonlocutions, me parle de Reims, de mes débuts à Paris, compare les Rastignac charentais et champenois. Il évoque Rubempré, disserte sur la vanité des choses, parle avec grande justesse de Stendhal, mon romancier préféré.

Quoique fasciné par son érudition, je n'arrive pas à adhérer à sa posture. Est-il trop cynique à mes yeux ? Il me donne l'impression de n'avoir aucune illusion sur les êtres, comme si, pour lui, leur face noire, nocturne, était infiniment plus forte et intéressante que leur face lumineuse. Il me répète comme à tant d'autres que la « réalité n'est ni blanche ni noire, elle est grise ». Ce discours trop peu idéaliste ne me séduit pas, mais je ne puis m'empêcher de boire ses paroles. Enfin, comme toujours, après avoir batifolé en littérature, en géographie, en histoire, il en vient à son domaine de prédilection, la politique :

– Qui sauveriez-vous dans cette majorité ?

Je lui cite Simone Veil, dont je me suis toujours senti proche, et François Léotard, son ministre de la Culture, que j'apprécie, le trouvant plus complexe, plus sensible et plus « littéraire » que la plupart de ses collègues du gouvernement. Là, à ma grande surprise, François Mitterrand l'exécute avec une férocité glaçante. Or, à l'époque, le microcosme bruissait de la rumeur selon laquelle Mitterrand ne tarissait pas d'éloges sur le maire de Fréjus. Les yeux dans les yeux, il lui avait même prédit, disait-on, un destin présidentiel. Comment pouvait-il flatter cet homme un soir, puis le clouer au pilori un autre jour ? Bien au-delà du persiflage, ces petits jeux florentins qui l'amusaient beaucoup m'empêchaient d'être en communion avec son discours.

C'est au cours de cette période, alors qu'il envisageait encore une « ouverture au centre », cette fois avec Michel Rocard, qu'il me laissa entendre que, s'il gagnait, il me verrait bien dans son gouvernement avec François de Closets, Alain Decaux et quelques autres, comme représentants de la société civile. Cet art de jouer avec la vanité de ses interlocuteurs était amusant au début, mais par la suite répétitif. Voilà pourquoi certains le qualifiaient de « voleurs d'âmes ».

Quand, finalement, il a annoncé qu'il repartait au combat et était candidat à un second mandat, il m'a invité à l'Élysée en plein après-midi, à 17 heures, pour recueillir mon avis sur une question qui le taraudait. Présentant le journal le soir même, il m'était difficile, presqu'impossible de quitter *TF1*. Mais la curiosité fut la plus forte... Je filai à scooter jusqu'à son bureau.

Là, il sort un dossier et me demande mon appréciation sur *La lettre à tous les Français* qu'il va rendre publique et qu'il s'apprête à envoyer à l'Imprimerie nationale. Ce texte, diffusé à des millions d'exemplaires, est censé jouer un rôle important dans le dispositif de campagne mis en place pour la réélection. Il me transforme en conseiller spécial, sans doute pour me flatter. J'en suis presque gêné, tant la ficelle est grosse.

Rentrant au plus vite à *TF1*, je découvre que, durant mon parcours, il a livré le texte à l'AFP. Il m'avait donc mis sciemment dans la position de celui qui sait quelques minutes avant les autres. J'avais été « dans le secret des dieux ». D'un point de vue politique, il escomptait sans doute gagner ainsi mes faveurs, car il n'ignorait pas que je n'étais pas de sa chapelle, et surtout que je n'avais pas l'âme d'un courtisan. Dieu sait s'ils étaient nombreux à cette époque (il était le favori de la présidentielle) et que leur nombre s'étiola ensuite au fil des années. La fin fut même pitoyable. Des journaux qui n'avaient cessé de l'encenser du temps de sa puissance se mirent soudainement à appuyer là où cela faisait mal. Le vieux roi se mourait. Les courtisans préparaient l'avenir.

S.R. : Il n'y avait pas que les journalistes...

PPDA : Oui, mais l'anecdote en dit long sur les rapports presse/pouvoir et sur les fantasmes qu'ils génèrent. Elle est révélatrice de l'influence que d'aucuns accordent à un présentateur de JT. Ils sont persuadés que si vous prononcez, à 20 heures, le nom de François Mitterrand avec une intonation un tantinet favorable, vous allez influencer le jugement de certains téléspectateurs. Je pense que ceux-là se trompent, mais Jacques Pilhan, dont j'aimais beaucoup la finesse des analyses, faisait partie de ces gourous d'une redoutable habileté qui croient aux messages subliminaux à la télévision.

SR : Le début du second septennat de François Mitterrand est une période euphorique pour *TF1*, donc pour vous également. Vous êtes alors le symbole de la réussite de la chaîne, ce qui vous vaut de jouir d'une grande liberté. Vous pourriez vous contenter de la toute-puissance du « 20 heures » et de votre émission littéraire, « Ex-Libris ». Mais là, en pleine gloire, vous vous lancez dans une aventure à hauts risques : vous créez une émission d'investigation, « Le Droit de savoir ». Sincèrement, c'était un peu une folie ?

PPDA : Je me trouvais en Afrique avec Nicolas Hulot quand l'idée et le titre de l'émission me sont venus. Je voulais faire quelque chose qui ressemble au fameux « 60 minutes », le magazine d'investigation de la chaîne américaine CBS, avec mon condisciple Franz-Olivier Giesbert qui venait de quitter *Le Nouvel Observateur* (dont il dirigeait la rédaction depuis 1985) pour prendre la tête de celle du *Figaro*. Vingt ans après nos émois à l'École du journalisme, nous voulions revivre quelque chose ensemble.

De retour à Paris, je m'en ouvre à Étienne Mougeotte qui m'apprend que Gérard Carreyrou et Charles Villeneuve, comme lui anciens d'*Europe 1*, ont un projet très proche du nôtre. Nous décidons de mettre nos forces en commun. Très vite, Robert Namias, autre mousquetaire de la rue François Ier, nous rejoint. Nous nous réunissions tous les mardis pour un déjeuner chez Edgar, restaurant du Tout-Paris politique et journalistique, dans le huitième arrondissement. Nous sommes pleins d'enthousiasme, persuadés d'être des pionniers, des défricheurs : un « Club des cinq » de l'investigation télé, passionnés et sans doute un brin téméraires. Nous n'imaginions pas, en nous engageant dans cette aventure, que nous allions marcher en permanence sur un champ de mines.

Dès le début du second septennat de François Mitterrand, alors que Michel Rocard a été nommé à Matignon, l'affaire Urba vient à éclater. Elle touche au financement occulte du Parti socialiste par un système de fausses factures organisé par de nombreuses entreprises du BTP. C'est un sujet ultra sensible qui met en cause jusqu'à la légalité du financement de la campagne électorale du président de la République.

Pour notre première émission, nous ne pouvions évidemment faire l'impasse sur ce dossier. Nous avons obtenu la première interview publique du comptable de la société Urba, Joseph Delcroix, à qui la justice avait soustrait son fameux cahier dans lequel il notait toutes les opérations illicites dont il était un des artisans. Scoop formidable, mais aussi explosif.

Nous étions au cœur d'une de ces affaires d'État qui, auparavant, étaient traitées exclusivement par la presse écrite : *Le Canard enchaîné*, *Le Monde*, *L'Express* et *Le Nouvel Observateur*. En l'occurrence, c'est vous qui, au tout début, aviez révélé l'affaire dans votre journal...

SR : Ce qui n'était pas simple, là non plus. Comment un journal classé à gauche pouvait-il « tirer sur son propre camp », selon la formule de certains ministres « amis », en révélant des informations qui mettaient en cause le fonctionnement même du PS, ou du moins son mode de financement ? Nous avons choisi de diffuser l'information malgré quelques tiraillements internes au journal ; nous savions que le scandale allait rejaillir sur toute la gauche et mettre le gouvernement dans une situation impossible. Mais nous devions avant tout informer nos lecteurs.

D'autant plus que je savais alors que cette affaire, au départ, était née d'un règlement de comptes politique orchestré par François Mitterrand en personne. Le premier tir est lancé à Marseille. Il est déclenché depuis l'Élysée afin de détruire politiquement le patron du PS pour la région, Michel Pezet, jugé trop rocardien par Mitterrand. La fédération des Bouches-du-Rhône – la plus importante du PS avec celle du Nord – pouvait faire basculer tout le Parti socialiste dans le camp rocardien, ce que le chef de l'État voulait éviter à tout prix. Éliminer Pezet devenait primordial à ses yeux.

Une enquête fut déclenchée, visant plusieurs entreprises marseillaises susceptibles de financer Michel Pezet et ses amis. Mais les policiers élargirent leur champ d'investigation bien au-delà du cas de ce dernier. Avec l'inspecteur Gaudino, ils mirent au jour l'intégralité du système de financement du PS. En voulant abattre un gêneur politique, on avait ouvert la boîte de Pandore. L'affaire Urba, c'est l'arroseur arrosé.

Nous ne pouvions faire l'impasse sur de telles méthodes et faire fi des informations que nous détenions sur ce scandale. Nous fûmes soumis à une terrible pression. Le patron du journal, Jean Daniel, m'a confié à plusieurs reprises avoir subi un véritable harcèlement de la part de l'Élysée. Il m'a même précisé, à l'époque, qu'il n'avait jamais vécu, durant toute sa carrière, pareil acharnement, allant parfois jusqu'aux menaces.

PPDA : En ce qui nous concerne, à *TF1*, les pressions ont commencé à s'exercer graduellement. Pierre Bérégovoy, ministre de l'Économie – avec qui j'entretenais de cordiales relations depuis une dizaine d'années, car j'avais beaucoup de respect pour cet homme qui s'était fait seul – et Michel Charasse, ministre du Budget, ont contacté Francis Bouygues en l'exhortant à la prudence.

Avec lui, Patrick Le Lay, Étienne Mougeotte, Michèle Cotta, toute l'équipe du « Droit de savoir » et plusieurs avocats, nous avons visionné le documentaire dans la salle de projection du 90, avenue des Champs-Élysées. L'atmosphère était lourde. À la fin de la projection, l'avocat de la *Une*, Me Louis Bousquet, évoque sept ou huit passages susceptibles d'entraîner des poursuites en diffamation. Je sens alors que les partisans du retrait pourraient bien l'emporter. Je me lève, un peu tendu, et défends le sujet en évoquant notre devoir d'informer, notre impératif de rigueur, aussi, ajoutant que la non-diffusion serait encore pire pour notre réputation. Première émission, première censure ?

Francis Bouygues intervient à son tour d'une voix placide, très calme, rassurant. Il nous réconforte en nous garantissant la diffusion du sujet, légèrement élagué de passages juridiquement discutables. Puis, à la fin de la réunion, il me prend à part et me souffle : « Je vous fais confiance, parce que c'est vous. Mais je les sens enragés. Ça va être très difficile. »

Cette petite phrase, de la part d'un homme aussi solide que Francis Bouygues, aurait dû me faire comprendre que les « enragés » allaient un jour ou l'autre se venger.

SR : Vous avez attendu longtemps ?

PPDA : Non, dès le lendemain, Pierre Bérégovoy me téléphone et me dit d'un ton dépité : « Tu as fait une grave erreur en ne tenant pas compte de nos avertissements. » Plus tard, c'est Michel Charasse qui m'invite à déjeuner à Bercy, au ministère. Jean-Luc Mano, chef de notre service politique, me l'avait présenté quelques années plus tôt ; il semblait apprécier ma franchise et, très vite, nous en étions venus à nous tutoyer. Ce jour-là, à Bercy, le tutoiement est toujours de rigueur, mais pas la connivence quand, au bout de quelques minutes, nous abordons le sujet Urba. Son ton est menaçant : en substance, il m'expose que si le Président lui demande de tuer Rocard, il le tuera. Et que s'il lui demande de me tuer, il le fera !

La formule claque. Après tout, Michel Rocard est Premier ministre, donc son patron... Je tente de défendre mon point de vue et lui signale que la droite n'est pas davantage ménagée par *TF1*, que nous avons traité de la même manière des affaires qui ont éclaboussé le RPR ou l'UDF, que Charles Villeneuve a réussi à débusquer Jacques Médecin en Uruguay et l'a interrogé sans ménagement, qu'il n'y a aucun enjeu de personnes dans notre travail d'enquête.

Mais il ne m'écoute pas vraiment. Il m'interrompt en me montrant du doigt un dossier sur un bureau et en me lançant :

– Tu vois ce dossier, là-bas ?

À ses allusions, je crois comprendre qu'il contient le nom de tous les passagers transportés par Pierre Botton. Et que j'y figure, comme bien d'autres. De *TF1*, des autres chaînes, des radios, de la presse écrite... Tous les grands pontes des médias, prétend-il, ont emprunté les avions qu'il mettait à leur disposition.

La menace (ou ce que je pris comme tel) se voulait-elle dissuasive ? Comme lui, qui se disait son ami, par l'intermédiaire de Coluche, je connaissais en effet très bien Pierre Botton, gendre de Michel Noir. Et son beau-père depuis encore bien plus longtemps. Il n'y avait pas, à l'époque, d'affaire Botton. Le ministre me signifiait-il qu'il lui suffisait d'appuyer sur un bouton pour provoquer un séisme dans le milieu journalistique ?

Je n'arrivais pas à mesurer l'ampleur du péril. Qu'y avait-il de répréhensible à monter dans les avions d'un ami ?

Mais, dans l'esprit de Michel Charasse, comme aux yeux du pouvoir, les journalistes semblaient avoir franchi la « ligne jaune » en faisant leur métier d'investigateurs. Ils devaient donc être punis. Au « Droit de savoir », j'avais été en première ligne. J'en étais le seul présentateur. J'étais le plus exposé par ma notoriété. Je serais donc le premier visé. Le châtiment allait être dévastateur.

CHAPITRE 6

SR : Les propos émanant du ministre du Budget semblaient très sérieux. La rencontre que vous révélez aujourd'hui corrobore l'enquête que j'ai menée à l'époque. Dans un livre intitulé *Monsieur Gendre*[1], j'ai raconté en détails, sans qu'il ait à ma connaissance contredit ma version, comment Michel Charasse mena ce qu'on pourrait appeler une « vendetta politique » contre vous. Dans cet ouvrage, je soutiens que vous étiez la cible principale, car vous aviez contesté, dans « Le Droit de savoir », l'honnêteté du PS, l'honneur de François Mitterrand et surtout mis à mal son

1. *Monsieur Gendre*, Fayard, 1995.

second septennat. Il fallait faire un exemple. Si cette affaire Urba était allée à son terme, c'est-à-dire si elle avait révélé que la campagne du candidat Mitterrand en 1988 avait été directement ou indirectement financée grâce à l'argent de la corruption, nous aurions vécu une crise de régime sans précédent dans l'histoire de la Vᵉ République. Et rien ne dit que le Président lui-même n'aurait pas été gravement ébranlé. Nous étions très près d'un Watergate à la française. Les enjeux étaient énormes. Les propos tenus par Michel Charasse à votre encontre n'étaient pas des paroles en l'air.

PPDA : Sans doute, mais, au début de l'enquête sur le train de vie de Pierre Botton, je n'avais aucun motif d'inquiétude. Il s'agissait d'un garçon que j'avais connu grâce à Coluche dont il était devenu très proche. C'est lui qui, à sa mort, rapatria son corps à Paris. Il avait le cœur sur la main et avait proposé à bien d'autres, avant moi, d'utiliser ses avions et ses hélicoptères. J'avais la conscience totalement tranquille : jamais je n'avais usé de mes fonctions pour lui rendre le moindre service à l'antenne. Dans ce domaine, je suis scrupuleux jusqu'à en paraître maniaque. Tous ceux qui ont travaillé avec moi à la télévision, à la radio et dans la presse écrite vous diront que, pour moi, l'indépendance de la rédaction, et la mienne en particulier, sont sacrées.

SR : C'est vrai : je l'ai vécu à vos côtés durant deux ans, de 1981 à 1983, quand interventions et pressions se multipliaient sur la rédaction d'*Antenne 2*. Vous avez souvent joué le rôle de bouclier pour nous les épargner et que nous puissions travailler librement. Mais le côté « paillettes » de Pierre Botton ne vous a jamais fait douter des motifs qui inspiraient sa relation avec vous ? En d'autres termes, n'avez-vous jamais imaginé qu'il pouvait avoir en tête de se servir de votre « surface médiatique », de votre statut de star ?

PPDA : Dans ces conditions, je n'aurais jamais d'amis, je vivrais dans une bulle aseptisée, interdite d'approche ! Pierre Botton, je le considérais comme un véritable ami. Il s'était montré formidable avec ma fille la plus fragile.

Un jour, il m'a rendu un de ces services qu'on n'oublie pas. Solenn était aux sports d'hiver, elle me téléphone une heure avant le journal télévisé et me lance un appel : « Viens me chercher, papa. Je perds pied ! » Elle ne cessait de pleurer. C'était la première manifestation tangible de la maladie qui allait l'emporter. Impossible de lâcher mon travail dans la minute. En catastrophe, j'ai appelé Pierre qui se trouvait en vacances dans la région, à Courchevel. Il me dit : « Ne t'inquiète pas, j'envoie tout de suite un hélicoptère pour la récupérer, et nous nous occupons d'elle. » Solenn s'entendait très bien avec la femme de Pierre, Anne-Valérie, la fille de Michel Noir. Dès que j'ai su qu'ils étaient tous deux auprès d'elle, j'ai été rassuré. Dès la fin du JT, je l'ai appelée : elle allait beaucoup mieux. Je suis resté infiniment reconnaissant à Pierre de ce geste.

Ceux qui ne connaissent pas cet homme ne peuvent comprendre les rapports qu'on peut entretenir avec lui. Surtout pour quelqu'un comme moi, sur-actif, l'esprit jamais en repos. Dès qu'il apparaissait, il savait tout alléger, faciliter, apaiser. Je crois qu'au départ, il n'y avait aucun calcul de sa part. Il avait l'art de rendre les choses plus aisées, simples, joyeuses. Pour Solenn, il a été un ami précieux. Aujourd'hui encore, ses frère et sœur, Arnaud et Morgane, lui en vouent d'ailleurs une ineffaçable gratitude.

SR : C'est sans doute ce qui a également séduit chez lui un homme comme Coluche, qui était un grand angoissé. Michel Noir aussi, au début de leur relation, quand tout lui réussissait et qu'on voyait en lui le futur candidat de la droite à la présidence de la République. On a un peu trop vite oublié qu'avant l'affaire Botton, la presse, dans sa grande majorité, encensait Michel Noir qui avait eu le cran de dire à propos du Front National : « Je préfère perdre les élections que perdre mon âme ! » Il faisait déjà figure de Kennedy français. Il avait même les faveurs de François Mitterrand qui le flattait ouvertement pour mieux semer la zizanie à droite. Pour le Président, Noir était une pièce dans son jeu visant à déstabiliser Chirac. L'Élysée n'avait donc aucun intérêt à provoquer la perte de Michel Noir, au contraire ! Si le maire de Lyon a été victime d'un dommage collatéral, comme on dit, il est clair que c'est vous qui étiez visé !

La scène avec Michel Charasse que vous révélez jette un éclairage important sur cet épisode. Mais, franchement, encore une fois, ne vous êtes-vous jamais interrogé sur les mobiles qui conduisaient Pierre Botton à rechercher vos faveurs ?

PPDA : Mais il ne recherchait pas mes faveurs ! Nous étions amis. Quand le juge Courroye m'a convoqué à Lyon comme témoin après divers autres journalistes de renom, j'étais serein. Au cours de mon premier entretien avec lui, au début, tout se passe bien, de manière fort civile. Puis, à un moment donné, il me montre un document, une plaquette publicitaire émanant d'une société de Pierre Botton où on le voit en compagnie de personnalités variées et de pharmaciens. Pour le magistrat, c'est la preuve que Pierre Botton utilisait des vedettes pour la promotion des clients de son entreprise. Je n'avais jamais vu cette plaquette. À cet instant précis, j'ignorais qu'elle n'avait jamais été diffusée et qu'il s'agissait seulement d'une maquette. J'ai dit que j'étais très étonné et que je ne pensais pas que Pierre Botton eût pu utiliser ses amis à des fins promotionnelles. À l'issue de notre entretien, le magistrat m'a raccompagné courtoisement jusqu'au métro. Chemin faisant, il m'a interrogé sur mes diplômes, mes revenus. Nous avons fait le constat que je gagnais beaucoup plus que lui alors que nous avions fait les mêmes études : quatre ans de droit, jusqu'à la licence, puis deux années supplémentaires. Je l'ai interrogé :

– Êtes-vous sûr que vous n'êtes pas guidé par l'envie, monsieur le juge ? Ou par le sentiment que tout paraît plus facile dans la sphère médiatique ?

Il m'a assuré que non.

Les détails de mon audition se sont retrouvés dans les journaux. Et la tempête médiatique s'est déclenchée, les articles se sont multipliés. Parce que j'étais le plus connu, je me retrouvais en tête de liste des bénéficiaires des fameux voyages de Pierre Botton, alors que je connaissais des dizaines de confrères ou de personnalités qui avaient eux aussi été transportés par ses soins. Plusieurs furent d'ailleurs entendus par le juge. Certains se défaussèrent très vite et chargèrent leur généreux mécène. Une de mes consœurs, qui eut plus tard à connaître à son tour des rigueurs de l'injustice, se permit même de me donner des leçons de maintien et de le faire savoir. Mais j'ai préféré encaisser sans trop réagir, persuadé que la vérité éclaterait et qu'on découvrirait vite que je n'avais jamais favorisé ni Michel Noir, ni Pierre Botton sur *TF1*. Car c'était bien là l'essentiel.

SR : Au début de l'affaire, on évoque dans les médias le coût des invitations de Pierre Botton en votre faveur : autour de 2 millions de francs à l'époque, soit 300 000 euros. Puis, en l'espace de quelques mois, les chiffres se dégonflent. En fait, dans le dossier final, on arrive à un chiffre de 200 000 francs, soit dix fois moins que ce qui avait été annoncé d'emblée. Un montant constitué pour l'essentiel de deux billets d'avion Paris-Rio aller-retour en première classe.

PPDA : Des billets que j'avais d'ailleurs réglés sur mes propres deniers. Restaient l'hélicoptère de Solenn et divers autres vols avec des amis que je n'ai jamais voulu citer pour ne pas les compromettre alors que la facture s'en serait trouvée allégée. Mais vous connaissez le mécanisme de la diffamation : seule compte en définitive la première accusation. On a continué à entretenir la rumeur.

Mais cette histoire, aussi médiatique soit-elle, n'était pas alors la première de mes préoccupations. À l'époque, ma fille Solenn a fait sa première tentative de suicide. J'étais beaucoup plus soucieux de son sort que du mien. D'autant plus que la direction de *TF1* m'avait conservé toute sa confiance et que la rédaction, durant toute cette période, s'est montrée d'une solidarité sans faille. À l'initiative de Jean-Luc Mano, chef du service politique, tous les cadres, écœurés par la multiplication des attaques, ont même publié une lettre de soutien.

La directrice de l'information, Michèle Cotta, avait visionné les journaux auxquels Michel Noir avait été invité. À chaque fois l'actualité le justifiait. Et le maire de Lyon fit savoir, dates à l'appui, qu'il avait été beaucoup plus souvent reçu sur la *Deux* ou la *Trois*. Quant à Pierre Botton, je n'ai parlé de lui à l'antenne qu'une fois, en dix secondes, quand il se présenta aux législatives. Malgré les coups portés par certains médias, j'étais donc persuadé que cette histoire finirait par se dégonfler.

Je me reproche en revanche d'avoir manqué de délicatesse à l'égard de Pierre Botton quand il était incarcéré. J'étais l'invité de Michel Denisot sur *Canal +* et j'ai eu un mot malheureux sur celui que je ne voyais plus depuis plusieurs mois, bien avant sa mise en cause, et pour des raisons assez éloignées du sujet. J'ai dit qu'il « *avait été* » mon ami. Cette phrase l'a blessé. Je la regrette. On ne vise pas quelqu'un qui est à terre.

Je n'ai jamais cité qui que ce soit, dans son entourage ou le mien, ni évoqué le nom de ceux que j'avais vu bénéficier de ses largesses. Nombre d'entre eux m'en sont aujourd'hui reconnaissants. Mon premier avocat me l'a suffisamment reproché. Il me conseillait de porter plainte contre Pierre Botton pour avoir abusé de ma confiance. C'était une manière de passer du statut d'accusé à celui de victime. Conseillé par Olivier Metzner, Yves Mourousi choisit cette option et n'a encouru de ce fait aucune poursuite, alors qu'il se trouvait dans le même cas que moi. Il avait même été en affaires avec

Pierre Botton. Je ne porte ici aucun jugement sur l'attitude de tel ou tel ; je dis seulement que j'étais incapable de me mettre en position d'accusateur...

SR : C'était pourtant la seule solution, tactiquement, pour vous en sortir ?

PPDA : Oui, mais je ne me sentais pas le droit de le faire. Je n'oubliais pas le comportement de Pierre vis-à-vis de ma fille.

Solenn était à l'époque omniprésente dans ma vie. En février 1993, le juge Courroye me téléphone, un début de semaine, pour m'annoncer ma mise en examen. Il me donne rendez-vous pour le vendredi à Lyon. Ma fille venait de faire une nouvelle tentative de suicide et avait besoin de notre présence constante. Je demande au magistrat de retarder ce rendez-vous d'une semaine. Il refuse. Je suis obligé de quitter l'hôpital et je me rends à Lyon après avoir demandé au magistrat quelle était, au palais de justice, l'entrée la plus discrète. À celle qu'il m'indiqua, journalistes, cameramen et photographes étaient tous massés.

SR : Paradoxalement, ce scandale politico-judiciaire dans lequel vous êtes impliqué ne rejaillit pas sur votre audience. Au contraire ! Il semble même que les chiffres du « 20 heures » de *TF1* n'aient jamais été aussi bons, comme si les téléspectateurs, à l'instar de la rédaction de *TF1*, vous faisaient toujours confiance.

PPDA : Parce que les gens ont sans doute perçu ce qu'il y avait d'injuste et de disproportionné dans ce qui m'était reproché. Mais, encore une fois, croyez-moi, ce n'était pas alors mon problème essentiel. Durant ces deux années de mise au pilori, j'étais avant tout inquiet des conséquences sur la santé de ma fille. Elle était beaucoup plus touchée que moi par ces accusations incessantes formulées dans une certaine presse.

Dans les dernières années de sa vie, nous avons été très proches, elle et moi. Je faisais tout ce qui était en mon pouvoir pour tenter de l'aider. Elle m'accompagnait dans le moindre de mes déplacements. Et puis, au début de l'année 1995, à quelques jours de mon procès, l'irréparable s'est produit. Le 27 janvier,

Solenn se suicide. À partir de là, bien évidemment, plus rien n'a eu pour moi d'importance. Je n'ai lu aucun des journaux où l'on évoquait ma mise en congé de la présentation du « 20 heures » de *TF1* et où on commençait à parler du procès qui s'ouvrit à Lyon le 13 février. Je n'étais plus là. J'aurais tant aimé être aux côtés de Solenn, là où elle se trouvait !

Je me souviens de ce week-end du 27 janvier. Nous devions partir tous les deux à la neige et donc nous retrouver à la station de métro où elle choisit, dans l'après-midi, de se donner la mort. Un petit mot d'elle m'attendait sur mon bureau : « Merci pour tout, mais je n'aime pas la vie. » Je me précipite alors au commissariat de police où l'on me montre ses chaussures et le petit porte-bonheur que je lui avais rapporté de Bora Bora et qui ne la quittait pas. Elle avait dix-neuf ans.

Il me fallut alors aller reconnaître son corps à l'hôpital Beaujon. Le policier qui m'accompagna là-bas avec une grande humanité me promit, pour éviter les fuites, de ne pas inscrire le nom de Solenn sur la main courante du commissariat. Je ne voulais pas que Solenn subisse ce que David, le fils de Romy Schneider, avait enduré : des paparazzi déguisés en infirmiers s'étaient introduits à l'hôpital pour le photographier sur son lit de mort. Je n'avais aucune envie que nous nous retrouvions, ma famille et moi, cernés par ces chacals. Je souhaitais pour Solenn, pour sa mère et ses frères et sœurs, des funérailles dignes, simples, uniquement entourée des siens, loin du fracas. Nous les avons organisées le plus vite possible, en Bretagne, à Trégastel, dans le caveau familial, à côté de sa sœur Tiphaine.

Mais, malgré toutes ces précautions qui nous avaient valu un répit de 48 heures, une dépêche urgente de l'AFP alerta la presse le dimanche, veille des obsèques. Quelques paparazzi firent le déplacement, mais des amis, pêcheurs bretons, les tinrent à distance. Ils purent tout de même prendre quelques clichés, de loin. Quand on est ravagé par le chagrin, c'est insoutenable. Je n'ai pas voulu assister à l'incinération. Je suis rentré à Paris présenter le journal.

SR : Des gens vous l'ont reproché.

PPDA : Bien rares, heureusement. Chacun agit selon sa conscience, et surtout selon l'urgence. Survivre, y compris en fonçant à corps perdu dans le travail, ou bien se supprimer ? C'était sans doute ma manière à moi de ne pas m'effondrer, de garder la tête hors de l'eau. Qui peut juger de la façon dont il faut porter le deuil d'un être cher ?

De très nombreux téléspectateurs le comprirent, et m'en portèrent témoignage. La plupart de mes confrères aussi, mais d'autres, comme Françoise Giroud, dans *Le Nouvel Observateur*, avec délicatesse, ou Daniel Schneidermann, dans *Le Monde*, avec moins de tact, se sont interrogés. Que savaient-ils de ma peine ? Que savaient-ils du lien qui m'unissait à Solenn ? Qui m'unira à elle jusqu'à ma propre fin ?

Quelques jours plus tard, le 13 février, quand le procès Botton s'est ouvert, assis sur le banc des prévenus comme un criminel, j'ai passé mon temps à écrire un livre destiné à honorer sa mémoire : *Elle n'était pas d'ici*. Je l'écrivais la nuit, pendant les voyages de Paris à Lyon, durant les audiences. Chaque minute dont je pouvais disposer lui était consacrée. Au cours du procès, masqué par la grande silhouette de Michel Noir, j'écrivais encore et encore, d'une écriture automatique, comme en transes. C'était ma façon un peu bizarre de prolonger mon temps de vie avec ma fille.

SR : Vous ne vous sentiez pas concerné par les débats ?

PPDA : Franchement, non. Je n'étais plus là. Les questions de tribunal et les tactiques des avocats ne me concernaient pas. Mon propre avocat, sans doute un des meilleurs pénalistes français, Bernard Prévost, aujourd'hui décédé, avait du mal à m'intéresser à ce qui se passait autour de moi. Il l'a vite compris et s'est comporté, avec son correspondant lyonnais, Richard Zelmati, comme un grand frère en affection. Ils savaient que rien d'autre ne m'importait plus que Solenn. Et qu'hélas, rien ne la ferait revenir sur terre.

SR : Finalement, vous avez été condamné, en avril 1995, à 15 mois de prison avec sursis. Vous étiez le seul journaliste à avoir payé pour tout le monde. La peine sera confirmée en appel. Un an plus tard, sans qu'on en trouve le moindre écho dans la presse, cette peine sera effacée de votre casier judiciaire par une cour lyonnaise composée de trois magistrats dont l'un d'entre eux vous avait jugé, comme si, après le tumulte de l'affaire Botton, on avait souhaité vous blanchir. Mais en douce. Vous étiez pourtant face à eux, ce matin-là. Et même les réquisitions du parquet vous furent favorables ! Pourquoi n'avez-vous pas cherché à divulguer cette information qui, d'une certaine manière, tendait plus ou moins à vous innocenter ?

PPDA : Parce que cela ne présentait plus beaucoup d'intérêt. Même si cela démontrait que cette corrida, avec mise à mort professionnelle programmée, avait été dérisoire.

J'avais reçu des milliers de lettres de soutien de téléspectateurs. Je ne me sentais pas du tout isolé. Mes vrais amis étaient tous là. Je n'ai pas oublié, par exemple, la lettre d'indignation que publia dans un journal Nicolas Hulot. Ni les beaux gestes de Patrick Bourrat ou de Martin Bouygues. Ni la présence de Bernadette

Chirac, de Nicolas Sarkozy ou de Jack Lang à la messe parisienne à la mémoire de Solenn, une semaine après ses obsèques. Je voulais tourner la page. J'avais même envie de pardonner à ceux qui m'avaient blessé. Sauf à une acariâtre cousine par alliance qui poursuivra Solenn de sa haine jusque dans sa tombe en osant dire, dans une biographie que l'on me consacra, qu'elle avait été choquée par des funérailles « dignes de la Reine d'Angleterre ! ».

Je l'ai vérifié quand j'ai été convoqué quelque temps plus tard par le juge Thiel qui instruisait une autre procédure intentée par Pierre Botton contre Michel Charasse, à l'occasion de laquelle j'aurais eu tout loisir de régler mes comptes. Je ne l'ai pas fait. Le juge me demanda de lui raconter la scène au cours de laquelle Michel Charasse me tint des propos que je ressentis comme menaçants, en désignant le dossier fiscal de Pierre Botton. Le magistrat me précisa : « S'il a ouvert le dossier devant vous, c'est un crime de forfaiture. Un ministre de la République n'a pas le droit de communiquer ou de montrer des pièces d'un dossier. C'est passible de la Cour de justice de la République. » Or, les faits exacts étaient les suivants : Michel Charasse, alors ministre du Budget, n'avait pas ouvert le dossier. Il avait seulement posé sa main dessus. D'autres auraient peut-être altéré la réalité : entre poser sa main sur un dossier et l'ouvrir, il y a peu de différence. Mais c'eût été mentir. J'ai donc dit ce qui s'était exactement passé. Pierre Botton me l'a reproché, car les fondements de sa plainte s'en trouvaient affaiblis. Mais je voulais en finir avec cette histoire que j'avais traversée en somnambule, hébété, incrédule, ne pensant qu'à Solenn.

Cinq ans plus tard, dans un autre livre, *L'Irrésolu*[1], je raconte l'ouverture d'un procès intenté contre un jeune anarchiste, à Lyon, en 1883, le jour même de la naissance de mon grand-père adulé, le poète Jean d'Arvor. Je ne l'ai jamais dit jusqu'à ce jour, mais les trente premières pages de ce livre (qui me valut le prix Interallié) démarquent presque intégralement ce que j'ai vécu durant cette mise au pilori.

---

1. *L'Irrésolu*, Albin Michel, 2000.

SR : Jusqu'au surnom que vous donnez dans ce récit au juge d'instruction, « le Héron », qui ressemble singulièrement au juge Courroye ?

PPDA : Il n'y a là rien d'infamant. Tous les hérons ne pêchent pas en eaux troubles !

CHAPITRE 7

SR : En même temps que débutait l'affaire Botton, vous avez été l'objet d'une autre campagne de presse liée à une interview de Fidel Castro diffusée sur *TF1* le 16 décembre 1991. Et la même semaine, l'hebdomadaire *Voici* s'en est pris à votre vie privée en publiant une photo de vous en compagnie de Claire Chazal, insinuant qu'il y aurait une liaison entre vous.

PPDA : J'ai vécu assez douloureusement ces quelques mois où une attaque chassait l'autre. Toutes étaient assez inattendues et d'une rare violence. La coïncidence des dates est plus que troublante. On m'a plusieurs fois affirmé qu'une cellule d'agents de l'ombre, barbouzes ou hommes de main, je ne sais, « s'occupait » de ma petite personne, mais je n'ai jamais eu là-dessus de preuves déterminantes. Cela dit, quand je vois ce qui est arrivé à d'autres depuis lors, et tout récemment encore, avec l'affaire Gaccio sur *Canal +*, rien ne m'étonne plus.

SR : François Mitterrand vous aurait traité à cette époque d'« homme de droite qui se prétend journaliste ». Vous le saviez ?

PPDA : Ce n'est en tous cas pas ce qu'il me disait quand il me courtisait. Mais il a dit tant de choses sur tant de gens…

J'avais quand même l'impression d'être devenu l'« homme à abattre ». Y avait-il derrière ces attaques un chef d'orchestre ? Quelqu'un qui voulait me punir définitivement à la suite de la polémique sur l'affaire Urba et du fait de mon rôle dans l'émission « Le Droit de savoir » ? Peut-être. Mais tout cela n'a plus aucune importance. Cela relevait de la politique. S'agissant de mon activité professionnelle, je n'ai, en revanche, rien oublié de l'« affaire » Castro, de ses circonstances ni de mes calomniateurs.

Pour en finir avec cette histoire que vous connaissez bien, puisque vous étiez vous-même à Cuba à cette époque, il faut rappeler les faits. En décembre 1991, le chef du service étranger de *TF1*, Régis Faucon, m'annonce que nous avons la possibilité d'obtenir une interview exclusive du Président cubain à l'occasion de l'inauguration d'un hôtel à Varadero, haut lieu du tourisme sur l'île. Comme tout journaliste, je n'hésite pas une seconde. Fidel Castro a été très avare d'entretiens avec la presse française. En quarante-cinq ans de pouvoir, ceux-ci se comptent sur les doigts d'une main. C'était une excellente occasion de l'interroger.

Sur place, à Varadero, on met à la disposition de l'équipe de *TF1* une pièce dans laquelle nous devons conduire l'entretien. Auparavant, Fidel Castro donne une conférence de presse à laquelle Régis Faucon et moi nous assistons intégralement. À cette date, Cuba vient de décréter une « période d'état d'exception en temps de paix », le pays étant en pleine pénurie après le départ des Russes. Il doit réduire sa consommation dans tous les domaines. Son seul espoir réside alors dans le développement intensif du tourisme. C'est sur ces thèmes qu'avec Régis nous comptions interviewer Castro.

À la fin de la conférence de presse, nous nous apprêtions à passer dans notre studio improvisé. Mais, à notre vive déception, nous découvrons que le chef de l'État cubain ne prend pas du tout la direction du studio. Je tente de l'intercepter, lui pose quelques questions auxquelles il répond de manière évasive en nous renvoyant aux réponses qu'il a faites durant sa conférence de presse, mais il finit par s'éclipser sans avoir respecté sa promesse d'interview.

SR : Vous ne saviez pas que, quelques heures plus tôt, l'ambassadeur de France à La Havane avait été questionné par les autorités cubaines sur un reportage que j'avais diffusé peu de jours auparavant, au « 20 heures » de la *Cinq*, dans lequel on assistait pour la première fois au procès d'un dissident syndicaliste à Regla, dans la banlieue de La Havane. Toujours sur la *Cinq*, j'avais aussi diffusé l'interview d'un autre dissident, Elizardo Sanchez, bête noire de Fidel. Selon les diplomates français, le *Líder maximo* était furieux contre la télévision française dans son ensemble. Pour lui, il n'y avait aucune différence entre *TF1* et la *Cinq*. Un dictateur ne croit pas à l'indépendance des médias. Il était persuadé que les politiques les contrôlaient. Il a donc décidé de boycotter *TF1* en croyant punir la *Cinq*.

PPDA : Tout cela, je ne l'ai su qu'après. Pour l'heure, nous avions un reportage à rapporter à Paris. Nous reposons tous les deux nos questions face à la caméra de Gérard David, comme cela se pratiquait couramment, puis nous repartons pour la France. Nous y arrivons en début d'après-midi et je prépare aussitôt le journal de 20 heures. Je ne participe donc pas au montage du sujet. Cela ne méritait que deux minutes au plus, puisque nous avions assisté à la conférence du chef de l'État cubain et avions pu lui arracher quelques bribes de réponses, mais sans grande nouveauté. Il n'y a donc eu aucune manipulation, d'autant moins que j'ai lancé le sujet à l'antenne en précisant : « Nous avons pu approcher Fidel Castro au cours d'une conférence de presse improvisée… » Nous n'avons jamais prétendu avoir obtenu une interview exclusive ; autrement, nous aurions diffusé un communiqué de presse pour l'annoncer. J'ai été au contraire d'une grande prudence dans la présentation de cet extrait.

Le soir, lors de la conférence de rédaction qui a suivi le journal, j'ai déclaré à tous que je n'étais pas satisfait du sujet « Cuba ». Régis Faucon pensait la même chose. Robert Namias, alors rédacteur en chef, n'avait pas eu le temps de le visionner avant le journal et personne au sein de la rédaction n'avait rien objecté. Pour moi, c'était seulement un travail mené trop hâtivement, à cause de l'urgence. Nous aurions dû différer cette diffusion d'un jour en ôtant les questions inutiles et en les remplaçant par des panneaux incrustés. C'est une erreur que j'assume.

Le lendemain, je fais d'ailleurs montre de transparence. C'est sans doute de là que naît d'ailleurs la rumeur. Je suis invité à l'École de journalisme de Nice. Un étudiant me demande s'il m'arrive parfois d'être critique vis-à-vis de mon propre travail. Je lui donne l'exemple de ces deux minutes sur Fidel Castro : je n'ai pas aimé cette alternance de prises de vues lointaines et de questions en plans de coupe, comme cela se pratiquait couramment à l'époque à la télévision. Depuis lors, nous utilisons plus souvent deux caméras, une pour les questions, une pour les réponses.

Deux semaines se passent sans l'ombre d'une protestation d'un téléspectateur ni des autorités cubaines. Et voici soudain qu'un journaliste de *Télérama* téléphone à mon assistante en prétendant dans un premier temps que j'étais à Paris et non pas à La Havane le jour de la fameuse conférence de presse. Ce n'était pas la première perfidie lancée à notre endroit par ce magazine depuis la privatisation de *TF1*. Ce ne serait pas la dernière ! J'étais furieux qu'on puisse mettre en doute ma probité et celle de Régis Faucon avec qui j'avais partagé tant de belles aventures, notamment un journal spécial en Afrique du Sud à la fin de l'apartheid, avec Nelson Mandela et Frederik de Klerk. Je me suis montré excessif et maladroit avec ce journaliste en lui répondant sèchement. Suivirent alors quelques règlements de comptes attisés par la jalousie ou la loi de la concurrence. Certains parmi mes plus chers confrères sont sortis du bois et chacun s'est mis à jacasser sans même savoir de quoi il retournait vraiment. S'il y avait eu faute, le CSA, dont c'est la mission, n'aurait pas manqué de nous convoquer. C'est ce qu'il a fait tout récemment lors du traitement de l'affaire Juppé par le « 20 heures » de la *Deux*. Mais non, rien de tout cela à l'époque ; plutôt un enchaînement de rumeurs qui poussa certaines écoles de journalisme à faire mousser l'affaire... Le patron de *Télérama* était en effet devenu l'un des responsables du CFJ, mon ancienne école, que j'avais trouvée à l'époque par trop endoctrinée à mon goût. (En manière de représailles, elle ne m'a d'ailleurs invité qu'une seule et unique fois en l'espace de trente-cinq ans !) Il ne trouva pas mieux de me dire, à l'issue de cette conférence : « Vous voyez, ils ne vous ont même pas parlé de l'affaire Castro ! » J'ai appris depuis lors qu'il avait suggéré à ses élèves de ne pas m'interpeller là-dessus comme s'il s'agissait d'un sujet tabou, ce qui évidemment contribuait à rendre l'affaire encore plus sulfureuse.

SR : En fait, ce que vous ne supportiez pas, dans cette polémique, c'était d'être mis en cause par vos pairs, les journalistes ?

PPDA : Quand vous êtes attaqué sur ce qui est fondamental pour vous, vous ne le vivez jamais bien. Quand, par exemple, un peu plus tard, à l'occasion de la remise du prix du meilleur article de la presse écrite, dont j'étais l'un des jurés, Laurent Joffrin, directeur de la rédaction du *Nouvel Observateur*, déjeune avec moi et me fait savoir à mots feutrés que l'une de ses journalistes, qui vient d'obtenir ce prix en partie grâce à mon insistance, aimerait bien qu'il lui soit remis par un autre que moi, je le vis comme une gifle en pleine figure. Une autre fois, un confrère que je respectais a déclaré dans la presse qu'il ne regardait pas mes émissions littéraires, parce que j'avais « bidonné une interview ». Il s'est depuis lors excusé et a reconnu ma bonne foi, car lui, comme les autres, s'était exprimé sans savoir.

J'ai alors commis une erreur en me laissant aller au péché d'orgueil. Un an plus tard, je suis allé réaliser un long entretien avec Fidel Castro. La rencontre avait été facilitée par l'industriel Gérard Bourgoin. Elle eut lieu dans une maison du quartier résidentiel de Miramar, à l'ouest de La Havane. Fidel Castro est arrivé tôt, vers 21 heures. Côté français, il y avait Roger Zannier, patron des magasins « Z », qui désirait s'implanter à Cuba, Gérard Bourgoin et sa fille, ainsi que Renaud Dutreil, alors conseiller du ministre des Télécommunications, qui devait tester un système de sécurité sur l'aéroport José-Marti. Côté cubain, Fidel Castro était accompagné de la femme de son frère Raúl, Vilma Espin, du secrétaire général du gouvernement, Carlos Lage, son bras droit, et de deux ou trois ministres.

SR : Avez-vous alors évoqué l'histoire du rendez-vous manqué un an auparavant à Varadero ?

PPDA : Je n'avais qu'une envie : réaliser l'interview. Le reste était de l'histoire ancienne. Mais Fidel Castro a tenu à me dire que, s'il me recevait, c'est qu'il avait été choqué par ce qu'on lui avait rapporté de ma mise en cause, et que « tout cela était sa faute », a-t-il ajouté en riant très fort. J'ai donc eu droit, avant le repas, à un quart d'heure d'entretien en tête à tête, sans complaisance aucune car son régime, à l'époque soutenu par l'entourage de François Mitterrand, à commencer par sa femme, réprimait impitoyablement toute forme de dissidence. Il a longuement évoqué ce qui resterait de lui après sa disparition (c'était il y a douze ans !). Ensuite nous sommes passés à table. Grâce à Gérard Bourgoin, l'ambiance était festive. Les bourgogne et les bordeaux coulaient à flots. Fidel Castro était particulièrement détendu et semblait apprécier fort les vins français. Au milieu de ces agapes, Gérard Bourgoin s'est livré à quelques facéties. Tout en découpant les poulets grillés avec un grand coutelas, il s'est mis à en menacer le *Líder maximo* sous le regard impassible des gardes du corps. Castro a paru s'en amuser beaucoup. Enfin, vers deux heures du matin, le Comandante s'est levé brutalement, signifiant que la fête était finie. Ses ministres se sont regroupés autour de lui. Ensemble ils se sont parlés à deux pas de nous comme si nous n'étions plus là. À cet instant, j'ai de mes yeux vu la terreur qu'il inspirait à son entourage. C'était assez impressionnant.

Le lendemain, il a envoyé des cigares à Gérard Bourgoin pour le remercier du dîner. Sitôt rentrés à Paris avec mon cameraman, Serge Billard, nous avons diffusé une partie de l'interview au « 20 heures » de *TF1*.

SR : En réalisant ce scoop, vous aviez le sentiment d'avoir lavé l'affront qui vous avait été fait ? C'était en réalité une manière de remuer le couteau dans la plaie…

PPDA : Je vous l'ai dit : j'ai certainement péché par orgueil. Je voulais à tout prix, c'est vrai, rétablir mon honneur professionnel. Je suis quelqu'un d'opiniâtre, je ne lâche pas facilement. Or ce scoop n'a fait qu'aggraver les choses. Parce que, dans l'esprit de beaucoup, c'est cette interview-là qui est devenue fautive ! Avec le temps, on finit par tout mélanger.

SR : En gros, on vous a reproché de retourner là où vous aviez fauté. Et ce coup réussi en deuxième semaine, si je puis dire, ne vous a pas absous de l'« erreur » qui vous avait été initialement reprochée !

PPDA : Mais je n'avais nullement l'intention de me faire pardonner quoi que ce soit ! Je voulais juste répondre à ma manière aux détracteurs de cette chaîne dont ils avaient combattu la privatisation. J'étais pour eux la figure de proue, l'emblème de cette télévision privée ressentie et présentée comme celle du diable. Et je ne déteste pas jouer les paratonnerres qui attirent la foudre pour la détourner ailleurs. J'aime assumer, en toutes circonstances.

SR : C'est sans doute pour cette raison que votre direction, à *TF1*, ne vous a jamais lâché, même si, l'espace de quelques semaines, lors du procès Botton, vous vous êtes mis en congé de l'antenne. Là, il y a un phénomène qui vous échappe : en votre absence, l'audience du « 20 heures » baisse, et, dès votre retour à l'antenne, elle repart à la hausse en dépit du bruit fait autour du procès. Peut-être même faut-il dire : à cause de lui ?

PPDA : Après le procès Botton, je me suis noyé dans le travail. J'ai fini d'écrire le livre pour Solenn, *Elle n'était pas d'ici*[1], puis je me suis lancé pour Claude Tchou dans une *Anthologie des plus beaux poèmes d'amour*[2]. C'était ma manière de dire à ma fille qu'elle avait bouleversé ma vie, mais que je l'aimais plus que tout au monde. J'étais dans un état second. Toutes ces épreuves m'avaient blessé, mais n'avaient ébranlé en rien ma détermination à continuer mon métier, même si j'ai eu parfois des périodes

1. Albin Michel, 1995.
2. Albin Michel, 1995.

de doute. Le soutien de la direction et de la rédaction de *TF1* a été à cet égard déterminant.

SR : Quelques mois plus tard, vous allez tout de même vivre un événement heureux que vous avez longtemps tenu secret.

PPDA : Mon dernier fils, François, est né en effet le 29 avril 1995 d'une très belle histoire avec Claire Chazal, que j'avais contribué à faire venir d'*Antenne 2* où elle présentait le journal de la nuit. Son arrivée à *TF1* fit l'unanimité. Notre relation, qui ne fut jamais médiocre, ne concerne que nous, et Dieu sait si nous fûmes traqués ! Mais la raconter, l'exposer à la lumière aurait contribué à la souiller, à l'affadir. Dix ans plus tard, je n'ai pas changé d'avis. Qui peut prétendre résumer ce qui se passe entre un homme et une femme ? Certainement pas les journaux à scandales qui, sur la base de rapports de police, d'indiscrétions, d'échos de concierges d'hôtel, de listings de compagnies aériennes illégalement consultés, s'autorisent à broder, à habiller de beaux sentiments de considérations tantôt sirupeuses, tantôt crapoteuses !

SR : Pourquoi ne pas avoir alors officialisé cette naissance ?

PPDA : Essentiellement pour protéger François. Claire et moi, nous étions pourchassés en permanence par les paparazzi. Cette traque nous obligea à redoubler de précautions. Comme la grossesse de Claire l'exposait à la curiosité de tous, nous fûmes amenés, pour éviter les indiscrétions, à dire à nos plus proches amis que le terme était prévu pour la fin mai. Or, il l'était pour la fin avril. Très courageusement, Claire présenta ses journaux télévisés jusqu'au bout, sans que rien ne paraisse, puis, le 29 avril, entre les deux tours de l'élection présidentielle, elle s'absenta de *TF1* pour se rendre directement à la clinique Saint-Vincent-de-Paul où elle avait été inscrite sous un faux nom et où elle fut accouchée par un de nos amis. Ces stratagèmes lui permirent de vivre sereinement ces moments uniques pour une femme.

À son retour chez elle, la traque reprit, hélas, de plus belle. Il ne s'agissait plus d'immortaliser deux personnes, mais trois… Et les tarifs proposés aux chasseurs d'images décuplaient. On nous parlait de couvertures négociées à un million de francs ! C'est dire que l'avidité des paparazzi n'avait plus de limites et qu'il nous fallut donc prendre d'extrêmes précautions pour ne jamais apparaître tous les trois ensemble. Nous dûmes saisir plusieurs fois la justice, et je reversai à la Fondation des Hôpitaux de Paris-Hôpitaux de France le produit des condamnations.

SR : Vos relations avec les paparazzi ont parfois été particulièrement houleuses, pour ne pas dire violentes...

PPDA : J'ai déjà évoqué, dans *Lettre ouverte aux violeurs de vie privée*[1], dans quelles conditions nous eûmes à affronter deux commandos de photographes qui s'étaient déplacés en hélicoptère dans l'île grecque de Skyros pour nous filer pendant notre semaine de vacances chez mon frère Olivier. Deux d'entre eux m'exposèrent d'ailleurs dans les moindres détails leurs méthodes pour chasser le gibier humain. Ça n'est guère reluisant ! Le premier était en train de traquer Sarah Ferguson pendant ses vacances en

---

1. Albin Michel, 1997.

France lorsqu'un coup de téléphone de son agence l'avait informé qu'il y avait beaucoup mieux à faire en Grèce. C'était un récidiviste qui était allé jusqu'à suivre un footballeur du PSG, Patrice Loko, sur la tombe de son fils, pour un cliché qu'il avait raté. Le second m'avoua qu'il avait soudoyé un agent d'Air France pour obtenir communication du listing des passagers pour Athènes, ce qui est rigoureusement illicite. Un troisième, interpellé un peu plus tard sous le tunnel de l'Alma, le soir de la mort de Lady Diana, m'avoua par la suite avec beaucoup de franchise combien ce métier avait fini par le dégoûter. Il le quitta d'ailleurs peu après.

Avec Claire, bien au-delà de notre propre histoire, nous nous promîmes de protéger jusqu'au bout notre petit François. Ses professeurs et ses petits camarades de classe nous y aidèrent grandement. Nous avions fixé à l'âge de dix ans le moment où cette histoire qu'il connaissait bien et vivait tout aussi bien serait révélée aux autres, pour éviter toute hypocrisie et ne pas le handicaper plus tard. Il vient tout juste d'avoir dix ans. Désormais, mon nom est accolé à celui de sa mère qu'il portait depuis sa naissance par souci de discrétion, et il continue de se partager harmonieusement, je crois, entre le domicile de Claire, du lundi au jeudi, et le mien, du vendredi au dimanche. Il est ainsi sans doute le seul petit garçon au monde à pouvoir bénéficier quotidiennement, sept jours sur sept, d'un repère familial fixe, tous les soirs à vingt heures…

SR : Dans votre roman intitulé *Petit homme*[1], qui va bientôt être adapté à la télévision, vous racontez les relations d'un père avec son fils. Ce petit garçon pourrait bien être François. Vous l'avez dédié à un « petit prince ». C'est lui, le petit prince ?

PPDA : Tous les enfants sont des princes. Les moments que je partage actuellement avec François sur les chemins de Saint-Jacques de Compostelle valent tous les royaumes du monde. Il en fut de même pour tous ceux que j'ai passés, hélas trop fugitivement, avec Arnaud, Tiphaine, Solenn, Morgane et Dorothée qui vient justement de réaliser un très beau documentaire sur le chemin de Compostelle…

---

1. Albin Michel, 1998.

CHAPITRE 8

SR : Au milieu des années 90, *TF1* va être considérée, au moins par une partie de la classe politique, comme une chaîne « balladurienne ». On a alors beaucoup glosé sur l'amitié de Martin Bouygues avec Nicolas Sarkozy. Et donc, par ricochet, votre rédaction a été soupçonnée de balladurisme...

PPDA : Ce soupçon est farfelu pour qui me connaît bien et démenti par les faits quand on interroge nos collaborateurs, qui ont les opinions politiques les plus variées. Je crois qu'elles n'apparaissent jamais à l'antenne et c'est ce qui fait d'ailleurs en partie le succès de nos JT. Quant à Martin Bouygues, il ne m'a jamais passé le moindre coup de téléphone pour favoriser tel ou tel, car il est on ne peut plus sensible à notre indépendance. Et parce qu'en bon entrepreneur, il souhaite réunir sur sa chaîne le maximum de téléspectateurs, de gauche comme de droite.

Les défenseurs de cette thèse ont leur botte secrète : Claire Chazal a écrit en 1992 une biographie d'Édouard Balladur. Voilà une preuve ! Mais jamais personne n'a reproché à *France 2* d'avoir laissé son chef du service politique de l'époque, Gérard Leclerc, publier une biographie de Lionel Jospin. *France 2* est-elle devenue pour autant, à l'époque, une chaîne « jospiniste » ? Évidemment non ! Son homologue de *TF1*, François Bachy, a écrit une biographie de François Hollande qu'il va d'ailleurs réactualiser. Personne n'a jamais dit qu'à cause de lui, nous étions devenus une officine de la rue de Solférino ! Tout cela n'est pas sérieux.

On nous a aussi reproché d'avoir diffusé, avec *RTL* et le quotidien *Le Monde*, un sondage de la SOFRES qui annonçait, fin 1994, la victoire d'Édouard Balladur dès le premier tour au scrutin du printemps 1995. Telle était bien la réalité des études de l'époque, mais les opinions fluctuent et nous sommes là pour en rendre compte chaque soir. Dans le même temps, les balladuriens me reprochaient d'avoir présenté un JT en direct de la mairie de Paris avec Jacques Chirac qui venait de sortir un livre mystère chez Nil !

Il y a fort à parier que tout cela recommencera en 2007 lors de la prochaine présidentielle. Gardons notre énergie pour les batailles d'idées, pas pour les jeux de miroirs !

Il faut beaucoup relativiser le pouvoir excessif que d'aucuns nous prêtent. Prenez François Mitterrand, par exemple. En 1993, entre les deux tours des élections législatives qu'il allait perdre, au cours du dernier Conseil des ministres de la législature, il a prononcé cette phrase que m'ont rapportée plusieurs ministres : « De toute façon, à qui devrais-je remettre mon épée de général déchu : à Jacques Chirac, à Francis Bouygues ou à Patrick Poivre d'Arvor ? » À ce moment-là, j'étais donc chiraquien aux yeux du président de la République qui se préparait à vivre une seconde cohabitation avec son vieil adversaire. Pourtant, en 1988, lors de la campagne officielle de la présidentielle, François Mitterrand m'avait choisi comme seul interlocuteur. Le lendemain, son rival, Jacques Chirac, avait fait de même. Ce qui n'empêcha pas l'un et l'autre, à quelques années de distance, de me qualifier d'« insolent » lors de deux interviews du 14 Juillet. Les présidents passent, la méfiance demeure…

SR : Ce soupçon de « chiraquisme » était étonnant de la part d'un observateur politique aussi avisé que François Mitterrand. Il n'ignorait pas vos inclinations giscardiennes…

PPDA : Mais ces inclinations, comme vous dites, datent de la fin des années 60, il y a trente-cinq ans !

Quand j'ai débuté ma carrière de journaliste, je n'ai jamais eu le moindre problème avec Jacques Chirac. Et plus tard non plus. Nous sommes chacun dans notre rôle, mais nos pouvoirs ne sont en rien comparables. De 1974 à 1976, quand j'étais responsable du service politique d'*Antenne 2*, tout s'est très bien passé entre nous. Par la suite, quand, en août 1976, il démissionne, à son retour du Japon, de son poste de Premier ministre de VGE, il accepte de répondre à une interview conduite en commun avec Patrice Duhamel, chef du service politique de *TF1*, et moi, son homologue de la *Deux*. Il nous reçoit dans un petit bureau, au siège du RPR. Je suis frappé par ses grandes jambes sans cesse en mouvement, ce que certains de ses biographes appelleront « le syndrome du pied qui trépigne ». À l'issue de l'entretien, il me fait signe pour me parler en aparté. Il me dit : « Je vous remercie de la manière dont vous avez rendu compte de mes choix sur *Antenne 2*. Je n'en dirais pas autant de tous… »

Puis, deux fois par an, il me faisait venir à l'Hôtel de Ville de Paris pour se livrer à un tour d'horizon de la situation politique de notre pays. Il aimait beaucoup mettre lui-même les bûches pour alimenter le feu dans la grande cheminée de son immense bureau.

Un jour, un seul, il a évoqué auprès de moi la rumeur qui courait autour de sa fille Laurence, qui le préoccupait beaucoup. « Je sais qu'on raconte qu'elle vient de mourir. Il n'en est rien, mais c'est grave. » Il ne m'en a pas dit davantage. Je ne savais que trop ce qu'était sa souffrance secrète.

SR : Comme votre propre fille Solenn, Laurence, la fille du président de la République, est anorexique. Avez-vous eu l'occasion d'évoquer cette maladie avec Jacques Chirac ? Et, d'une certaine façon, cette commune souffrance vous a-t-elle rapproché l'un de l'autre ?

PPDA : Je ne peux répondre à cette question à sa place. Elle est trop intime et il ne l'a jamais abordée publiquement. Je puis en revanche vous parler de la Maison des Adolescents qui s'appelle désormais la « Maison de Solenn », voulue par Bernadette Chirac et créée grâce à la Fondation des Hôpitaux de Paris-Hôpitaux de France. Elle a pour but d'aider les adolescents touchés notamment par cette maladie. Elle est dirigée par le pédopsychiatre Marcel Rufo. Nous l'avons inaugurée ensemble le 17 novembre 2004. J'étais heureux d'avoir pu y mettre une grande partie de mes économies d'alors. Ce fut un jour très important pour la maman de Solenn, pour ses frères et sœurs, et pour moi. Je n'ai cessé de penser ce jour-là à elle et à toutes ces jeunes filles en souffrance. Elles continuent à m'écrire abondamment, leurs parents aussi. J'essaie de leur consacrer beaucoup de temps.

C'était l'aboutissement d'un long travail. Ce n'était pas nouveau pour moi. J'ai toujours participé à des opérations humanitaires : avec l'association « Care », organisation internationale qui s'occupe des enfants malades de par le monde ; avec « Médecins Sans Frontières » ou « Médecins du Monde » ; avec sœur Emmanuelle et les « Chiffonniers du Caire » ; ou encore avec le père Pedro, à Madagascar. Depuis un an, je suis fier d'être un ambassadeur de bonne volonté de l'UNICEF, et donc de participer à des opérations d'aide à l'enfance. Je l'ai fait au Sri Lanka ainsi qu'à Sumatra, après la catastrophe du tsunami. Et tout récemment au Darfour (à l'ouest du Soudan) où la détresse des enfants est criante. Là, vous pouvez éprouver concrètement les effets de l'aide humanitaire.

SR : Finalement, vous retrouvez votre sœur Catherine qui a consacré sa vie aux autres, pour commencer avec les Petits Frères des pauvres.

PPDA : Je ne l'avais jamais quittée. Je la considère comme ma jumelle et je l'ai aidée dans ses activités chaque fois que j'ai pu. Son histoire, pour moi, est exemplaire : en 1968, elle suivait de brillantes études d'interprète en anglais et en allemand à l'ESIT (École supérieure d'interprétariat et de traduction), quand elle décida, après les événements de Mai, de tout abandonner pour devenir kinésithérapeute et soigner bénévolement les déshérités. Puis elle s'est consacrée aux Petits Frères des pauvres. Après s'être mariée au petit-fils de Rachmaninov, puis avoir vécu en Suisse dans un luxe qui ne lui ressemblait pas, elle a de nouveau ressenti l'appel des plus humbles. Elle anime l'association « Espérance », près de Nice. Je l'admire beaucoup, car elle a fait un choix de vie très courageux. Elle vit en permanence sur la corde raide, mais cela ne lui pose aucun problème. Je l'aide évidemment autant que je peux.

Au fond, mon travail n'est peut-être pas aussi éloigné du sien qu'on pourrait le croire. À travers mon métier, j'ai la conviction d'œuvrer pour les autres. Je me suis toujours considéré comme étant au service du public, notion qui a pour moi bien plus d'importance que le clivage classique entreprise privée/service public.

SR : Vous parlez comme un missionnaire… Votre travail relève-t-il d'une sorte de mission ?

PPDA : Bien sûr que non, parce que nous agissons aussi souvent par égoïsme, tant ce métier est gratifiant. Ma plus grande joie est de faire passer une réflexion, une passion, une émotion au plus grand nombre. L'an dernier, par exemple, à Auschwitz, en plein hiver, par une température de moins quinze degrés, au cours d'un journal en direct, nous avons pu nous livrer, quelques minutes, à un devoir de mémoire et à un exercice de pédagogie. Il nous faut avoir l'esprit et l'approche de l'instituteur, l'un des plus beaux métiers du monde. Ma marraine était professeur, son mari aussi, ils m'ont toujours enseigné cette vision des choses. Et à notre manière, nous tous, sur toutes les chaînes, à 13 heures, à 19 heures, à 20 heures, à 23 heures, nous faisons de même.

Chaque fois que je peux faire avancer une cause, c'est une petite victoire pour moi, qu'il s'agisse de la solitude des handicapés, des victimes de la route ou de l'alcoolisme, des personnes atteintes de maladies rares, ou du cancer, ou du sida, du sort des harkis, des pieds-noirs, des victimes de l'injustice au sens le plus large du terme.

Lorsqu'une campagne est engagée dans les médias, et, à notre niveau, via le journal de

20 heures de *TF1*, j'ai le sentiment de faire œuvre utile. Peu importe ce que peuvent dire les cyniques ou les idéologues. Je reçois mille lettres par semaine de gens qui me remercient pour notre travail ou qui l'orientent par leur réflexion. C'est l'un de mes baromètres, il m'a rarement trompé. Et je vous assure que dans ce courrier on ne me reproche que très rarement de favoriser tel ou tel. Si Laurent Fabius, Dominique de Villepin, Nicolas Sarkozy et François Hollande se sont succédé sur notre plateau dans la semaine qui a suivi le référendum du 29 mai dernier, c'est qu'ils ont jugé impartiale notre couverture de la campagne. Et les téléspectateurs nous l'ont aussi fait savoir en gonflant encore un peu plus l'audience de nos journaux. Cela tient peut-être au fait qu'à *TF1*, nous n'attendons rien des hommes politiques. Ils ne nous nomment pas, nous ne leur devons rien, et notre sort ne dépend pas du leur.

Je tiens d'ailleurs à éviter toute connivence avec le milieu politique. Il a sa fierté. Nous avons la nôtre. Il a sa mission. Nous avons la nôtre. Le lien ne doit être que professionnel. Quand Lionel Jospin était Premier ministre, de 1997 à 2002, j'ai entretenu de bons rapports avec son équipe à

Matignon. Nos relations étaient marquées par la loyauté et la clarté. Lionel Jospin n'a jamais exercé la moindre pression sur nous, pas plus qu'aucun des membres de son entourage, d'ailleurs. On peut dire que du côté de l'Élysée, nous avons aussi travaillé en harmonie, surtout avec le secrétaire général de l'époque, Dominique de Villepin. Il faut avouer que les périodes de cohabitation favorisent grandement ce type de comportement. La moindre faute de communication, la moindre intervention intempestive seraient immédiatement utilisées par le camp d'en face. Les deux équipes étaient d'une extrême prudence et d'une grande rigueur dans leur travail avec la presse, ce qui, pour nous, est un contexte idéal qui nous laisse une totale liberté. Robert Namias, le directeur de l'information de *TF1*, ou François Bachy, le chef du service politique, pourraient vous le confirmer, exemples à l'appui.

SR : Vos contempteurs vont trouver que vous enjolivez beaucoup le tableau…

PPDA : C'est qu'ils n'ont pas connu – ou qu'ils ont oublié – les premières décennies de l'information télévisée, marquées par la mainmise du pouvoir et par des moyens modestes qui en faisaient une parente pauvre de la presse écrite ou de la radio. Aujourd'hui, tout a bien changé !

J'estime que j'exerce un métier magnifique. Je suis enthousiaste, sans naïveté mais sans cynisme. Le journalisme permet de rencontrer des individus d'exception au moment précis où ils cristallisent sur eux, l'espace de quelques secondes ou de quelques jours, des circonstances elles aussi exceptionnelles. Ce peuvent être des ascensions, des chutes, des joies, mais aussi, le plus souvent, des drames. C'est ainsi. Nous nous ruons tous sur les théâtres où se jouent de toute éternité des tragédies qui soulèvent le cœur de nos téléspectateurs. D'où un mélange de fascination-répulsion. Pourquoi suis-je allé tout récemment au Darfour, dans le Sud-Soudan cinq ans plus tôt avec Marine Jacquemin, au Biafra, au Congo, en Côte-d'Ivoire, au Rwanda, au Cambodge, en Afghanistan, au Salvador avec Bernard Kouchner, en Colombie, dans le nord du Pérou, en Ouganda, au Mozambique, au Zimbabwe, en Zambie, en Somalie, dans les zones asséchées du Sahel, celles inondées du Sri Lanka et de

Sumatra, celles affamées de la province du Karamoja ? Pourquoi étais-je déjà au Niger il y a trente ans et que la même famine frappe encore aujourd'hui le pays ? Pourquoi Bagdad, Sarajevo, Mostar, Tchernobyl, Moscou pendant le putsch, Bucarest pendant l'insurrection, Prague pendant la révolution de velours, Kiev pendant la marche orange ? Parce que la guerre y faisait rage, ou la guérilla, ou la folie des hommes, ou celle de la nature. Et que ces drames-là nous attirent, pour des raisons parfois ambiguës.

SR : La folie des hommes, mais aussi leur héroïsme, parfois ?

PPDA : Bien sûr ! Chacun de ces drames sert aussi de révélateur à des tempéraments, des caractères. On y voit parfois la lâcheté s'y donner libre cours, mais aussi, plus souvent, l'héroïsme. Nous avons pris des leçons de vie en Asie du Sud-Est après la catastrophe du tsunami. On est émerveillé devant la capacité des gens à s'entraider, à s'oublier soi-même. Des leçons de vie après chaque tremblement de terre en Amérique du Sud, en Turquie, en Iran, en Italie. Après tout accident spectaculaire, quel qu'il soit, des individus se dressent, le plus souvent anonymes – et qui le redeviendront –, qui dispensent aux plus puissants de magnifiques cours d'héroïsme.

Oui, cela me touche à chaque fois. J'admire ces anonymes. Nous sommes là, sur le bord de leur route chaotique, un peu gênés de n'être que des témoins, ou honteux de notre voyeurisme, et ils nous regardent souvent gentiment parce qu'on peut servir à quelque chose, à libérer la parole, à débloquer l'inertie des gouvernements. Dans ce cas-là, ce métier recouvre ses lettres de noblesse : servir pas uniquement à la satisfaction de nos egos ni à notre goût des alcools forts...

SR : Vous avez aussi côtoyé des personnalités célèbres défendant de nobles causes. Certaines vous ont impressionné plus que d'autres ?

PPDA : Il m'est aussi arrivé de rencontrer des personnages exceptionnels hors de tout contexte dramatique. Heureusement ! Mais trois des femmes qui m'impressionnèrent le plus ont fini assassinées ou en prison. Toutes trois s'étaient hissées au faîte du pouvoir pour venger ou honorer la mémoire d'un père. Toutes trois issues du même continent : Indira Gandhi, Bénazir Bhutto, Aung San Suu Kyi.

Je rencontrai la première lors d'une interview pour le magazine *Vogue*, au tout début de mon parcours journalistique, il y a une trentaine d'années. Elle était alors Premier ministre de la deuxième nation la plus peuplée au monde. Tout au long de cet entretien de près de deux heures, elle fit tout pour me charmer, mais je fus frappé, après l'avoir saluée, au moment où je me retournais furtivement pour la regarder, de lui trouver une expression dure que je ne lui avais pas vue pendant l'interview : celle du pouvoir et des responsabilités qu'implique le gouvernement de près d'un milliard d'êtres humains.

Il se trouve que le Pakistan était alors l'ennemi juré de l'Inde. Une dizaine d'années plus tard, j'eus l'occasion de me rendre là-bas pour réaliser avec Dominique Bromberger une interview de la fille d'Ali Bhutto, peu apprécié d'Indira Gandhi, elle-même fille de Nehru. Bénazir Bhutto déploya elle aussi des trésors de séduction qu'aucun autre dirigeant de sexe masculin n'aurait su utiliser avec un tel talent.

Il en alla de même, au milieu des années 90, avec l'éternelle opposante birmane, Aung San Suu Kyi. Cette fois, je m'étais fait passer pour un touriste pour réussir à parvenir d'abord à Rangoon, puis dans la villa fortifiée qui lui tenait lieu de résidence surveillée. C'était au tout début des caméras DVD miniatures et, grâce à ce matériel, je pus réaliser la première interview de cette femme admirable qui venait de se voir décerner le prix Nobel de la paix. Dix ans après, elle est toujours en semi-liberté, derrière les barreaux et les barbelés symboliques que sont les résidences surveillées. Plus personne ne peut accéder à elle. Les démocraties occidentales, si soucieuses de liberté quand il s'agit de leurs propres intérêts, ne font pas grand-chose pour lui venir en aide…

Deux autres femmes m'impressionnent énormément, elles aussi, mais n'ont rien à voir avec le pouvoir, sa conquête et son exercice. Toutes deux se sont mises au service de Dieu. Je n'eus pas assez de temps pour bien connaître sœur Éliane, missionnaire dans le nord de l'Ouganda, dans une province ravagée par la famine et la guerre civile… C'était au début des années 80. Je l'ai trouvée admirable de dévouement et d'abnégation au milieu des cadavres et des morts-vivants.

La seconde, sœur Emmanuelle, est devenue une amie.

SR : Vous souvenez-vous de votre première rencontre avec elle ?

PPDA : Je l'ai rencontrée pour la première fois au Caire il y a plus de vingt-cinq ans, près de la décharge où elle s'occupait des chiffonniers qui venaient récupérer là toutes sortes de bouts de tissus qu'ils recyclaient ensuite. J'étais à l'époque sur *Antenne 2*. Notre correspondant en Égypte, Pierre Serra, la filma à son tour pour un reportage qui contribua à déclencher, en France et en Belgique où elle est née, une vague de sympathie à son égard. Chacun aimait son parcours de jeune bourgeoise qui aurait pu se complaire dans la frivolité avant de se mettre au service de Jésus, son « petit ami ». Une association se créa, je l'invitais au journal ou dans mes autres émissions quand elle passait par la France, et lorsque sonna pour elle l'heure de la retraite (à quatre-vingts ans !), elle revint définitivement en France où une certaine forme de starisation l'attendait. Elle en joua subtilement, sans jamais se prendre pour ce qu'elle n'était pas. Nous nous vîmes de plus en plus souvent, parfois en tête à tête, chez moi, parfois à trois, avec Véronique. La photo de notre fille Solenn l'accompagnait partout dans son livre de prières. Elle ne l'avait pas connue, mais voulait tout savoir d'elle. Grâce à Emmanuelle (nous nous tutoyons, elle tutoie tout le monde…), j'ai eu l'impression d'offrir une seconde vie à notre enfant disparue. Elle ne me réconcilia pas tout à fait avec Dieu, mais elle m'aida à faire quelques pas dans cette direction.

C'est elle qui, au titre de commandeur de la Légion d'honneur, me fit chevalier, un soir, chez moi, après le journal, entouré de mes seuls amis dont je n'ai oublié aucun des visages. Mon père m'avait offert la médaille de la Légion d'honneur que son propre arrière-grand-père avait reçue en 1856 après la bataille de Sébastopol. De quoi relativiser toute tentation de succomber à la vanité…

SR : Au fond, il y a un grand mystique derrière vous. Vous avez peut-être raté une vocation de missionnaire, pareille à celle de votre sœur Catherine, votre cadette que vous présentez pourtant comme votre jumelle ?

PPDA : N'exagérons pas ! J'en ai fait ma sœur jumelle dans un roman que mon frère Olivier et moi nous avons consacré à nos origines[1]. C'était notre manière de lui dire qu'on l'aimait très fort et qu'elle nous manquait énormément pendant les épreuves qu'elle traversait alors.

Pour répondre précisément à votre question, comme je vous l'ai dit au début de nos conversations, j'avais, enfant, une vision très romantique de la foi. Les grands mystiques suscitent certes en moi des émotions très fortes, mais je suis plus attaché aux religieux pragmatiques, ceux qui agissent sur le terrain, comme ma sœur Catherine, mon ancien aumônier, ou bien encore le père Pedro, un ecclésiastique pour qui j'éprouve une amitié profonde et un très grand respect.

---

1. *Le Roman de Virginie*, Balland, 1985.

Il est né en Argentine de père slovène. Des téléspectateurs m'avaient alerté sur les difficultés financières qu'il traversait après avoir passé dix ans de sa vie à essayer d'évangéliser et d'instruire des petits Malgaches en pleine brousse. Je lui vins en aide ; il me remercia. Lors de ses passages à Paris, je le reçus dans mon émission « Ex-Libris » pour un livre qui lui était consacré. Nous devînmes amis et je lui promis d'effectuer un jour un reportage de longue durée sur son nouveau « lieu de travail » : une décharge de la banlieue de Tananarive. Je pus tenir ma promesse au début de 1996, en séjournant deux semaines à Madagascar en compagnie de Sébastien Renouil et de son équipe. Notre reportage, un « 26 minutes », fut diffusé le samedi à 13 heures 30 dans l'émission d'Henri Chambon, dirigée aujourd'hui par mon ami Claude Carré, à une heure de forte audience. Il a été rediffusé depuis lors une trentaine de fois à des heures plus tardives, et a valu au père Pedro, à chaque fois, un nouvel afflux de dons.

Nous ne manquons jamais de nous voir quand il passe par Paris ou par Monaco. Le prince Albert et la très dynamique Josyane

Lahore l'aident en effet beaucoup. Et j'ai toujours plaisir à constater sur place les formidables avancées de ses chantiers. Depuis notre documentaire, il y a dix ans, ce sont en effet plus de vingt mille déshérités qui ont pu être abrités dans des maisons en dur construites de leurs propres mains grâce au savoir-faire d'un maçon slovène.

SR : Une autre grande figure de la religion a visiblement compté pour vous, c'est même la plus célèbre d'entre elles : le pape Jean-Paul II.

PPDA : Je ne suis pas le seul ! Il est sans aucun doute l'un des êtres les plus charismatiques que j'aie rencontrés, et aussi probablement la personnalité la plus « politique » qu'il m'ait été donné de croiser. Considérable est tout ce qu'il a fait pour la libération de sa Pologne natale du joug communiste et pour l'ébranlement du mur de Berlin.

J'étais à l'antenne, ce jour de 1978 où la fumée blanche de la chapelle Sixtine nous apprit l'existence d'un nouveau pontife un mois à peine après l'élection de son défunt prédécesseur. À mes côtés, Jean Offredo, d'origine polonaise comme lui, et qui le connaissait bien, m'aida à informer au mieux les téléspectateurs. Plus tard, je partis en sa compagnie pour diffuser un journal en direct de Mexico – premier voyage du pape à l'étranger –, puis de Cracovie lors de son retour plein de ferveur sur sa terre natale. À chaque fois, je pus échanger quelques mots en français avec le souverain pontife. Mais la tradition interdit depuis toujours au pape de donner des interviews officielles.

Pourtant, j'eus l'occasion de le retrouver longuement, pendant une semaine entière, au Vatican. La plus belle, pour un pape : la semaine pascale. Nous étions au tout début des années 90, il méritait encore son surnom d'« athlète de Dieu ». Le reportage que Pascal Houzelot, Alexandre Tarta et moi nous lui consacrâmes bénéficiait d'un atout précieux : la présence d'André Frossard. Intime de Jean-Paul II, il nous guida partout au Vatican et à Castel Gandolfo, et nous pûmes avoir accès au pape à de nombreuses occasions, sans cardinal pour faire écran. Ce fut une semaine magnifique.

Je ne revis Jean-Paul II qu'un an avant sa mort, en mars 2004, pour lui présenter mon dernier fils, qu'il bénit. La dégradation de son état physique et ses souffrances faisaient peine à voir.

SR : Dans la galerie de portraits des géants que vous avez croisés ou rencontrés, d'autres trouvent-ils grâce à vos yeux ?

PPDA : À côté d'un géant tel que Jean-Paul II, bien des hommes d'État font pâle impression. Boris Eltsine, par exemple, emmuré dans son Kremlin qui me rappelait celui de Brejnev ou de Tchernenko, eux aussi fugitivement croisés, à Yalta pour le premier, à Moscou pour le second.

L'interview de Vladimir Poutine eut lieu, elle, dans les locaux de *TF1*, à Boulogne-Billancourt, surprotégés pour l'occasion par une cinquantaine d'agents secrets et d'officiers de sécurité, mais je lui suis reconnaissant d'avoir accepté le jeu du direct, sans censure préalable. Je le regardai droit dans les yeux en lui posant mes questions sur le séparatisme tchétchène. À aucun moment les siens ne cillèrent. Je songeai alors à ma toute première rencontre avec un autre personnage illustre. C'était l'un de ses prédécesseurs, Nikita Khrouchtchev. J'avais alors une dizaine d'années et il visitait ma ville en compagnie, je crois, du général de Gaulle. Ma mère m'avait emmené le voir sur le parvis de la cathédrale de Reims, mais m'avait interdit d'applaudir. « Trop de morts sur la conscience !... » m'avait-elle dit. C'est peut-être ce qui, plus tard, me poussa à étudier le fameux *Rapport au XXᵉ Congrès du PCUS* du même Nikita Khrouchtchev, ainsi que tous les ouvrages se rapportant aux exactions staliniennes, à m'initier aux langues russe et serbo-croate, et, d'une manière générale, aux civilisations slaves. Aujourd'hui encore, j'en conserve une grande passion pour la littérature russe.

Un an plus tard, sur le même parvis, nous sommes allés applaudir, cette fois sans retenue, un autre couple prestigieux : Charles de Gaulle et Konrad Adenauer. Ma mère était une fervente gaulliste, à l'opposé de son mari qui, très jeune, avait échappé à de grands dangers, face à l'ennemi en 1944, dans la poche de Saint-Nazaire, avec ses amis du 1er Régiment de France, devenu 8e Cuirassé. Son propre père avait passé toute la Première Guerre mondiale, de dix-huit à vingt-deux ans, dans les tranchées sous les ordres du maréchal Pétain. Et comme une grande majorité de Français de l'époque, il s'était réjoui de l'Armistice de 1940 et du retour aux affaires du vieil homme. Pas ma mère. Toute jeune fille, elle avait connu les rigueurs de la guerre et de la haine dans notre ville de Reims. Elle me confia d'ailleurs un jour que si elle avait incité ses trois enfants à choisir l'allemand comme première langue, au collège, c'est parce que « ça pouvait resservir… » Autant dire que j'ai été élevé, comme bien des habitants du quart nord-est de ce pays, dans la passion de la construction européenne.

Pour ce qui est du général de Gaulle, je me contenterai donc de lui avoir touché la main, tout petit. Et, dix ans plus tard, de deux mots banals échangés un beau matin par la vitre de son véhicule, quai Saint-Michel, lui en DS, moi à Solex. Peu de temps après, il mourut et c'est à cet emplacement que je voulus me poster pour voir passer son cortège funèbre en direction de Notre-Dame.

Depuis, je me suis rattrapé avec bien d'autres chefs d'État, de Ronald Reagan à Saddam Hussein en passant par l'ayatollah Khomeiny, Hafez el Assad, Sadate, Begin, Arafat, Bouteflika, Mobutu, Bokassa, Ceaucescu,

Castro, Clinton, Margaret Thatcher, Tony Blair, Duvalier, Vaclav Havel et quelques autres. Mais j'ai surtout gardé en mémoire les instants où leur destin basculait, souvent à quelques jours ou à quelques heures de leur chute, comme lors d'une rencontre fantomatique avec le général Jaruzelski, dans son palais déjà à demi déserté où battaient les fenêtres par où s'engouffraient les bourrasques de l'Histoire. C'est dans ces moments-là qu'on se dit qu'on a une chance inouïe de faire ce métier. On écrit, on témoigne, quelques traces de tout cela demeureront et pourront aider les historiens du futur.

Mais, la plupart du temps, nos vraies rencontres, celles qui nous laissent le souvenir le plus durable, se passent en communion avec des anonymes sur lesquels se pose soudain la lumière crue des projecteurs. Elle ne tardera pas à les quitter – nous aussi, d'ailleurs –, ce que je me reproche bien souvent. C'est une des raisons pour lesquelles j'ai fait un jour embaucher à *TF1* une jeune femme qui venait d'être ignominieusement salie dans l'affaire d'Outreau, et dont la vie s'était trouvée brisée sur l'instant. Elle a, depuis lors, magnifiquement rebondi.

C'est aussi pourquoi je me suis engagé auprès de Pierre Bonnier et de Claude Carré dans l'Association Patrick Bourrat. Son but est de venir en aide aux enfants des zones ravagées par la guerre. Patrick me disait souvent qu'il éprouvait du remords à les avoir côtoyés un temps, interviewés, utilisés comme interprètes, par exemple, puis à les quitter si brutalement sans plus jamais prendre de leurs nouvelles.

Nous avons cette responsabilité-là. Des droits, bien sûr, mais aussi de nombreux devoirs vis-à-vis de ceux qui nous accompagnent, même fugacement, dans ce métier aussi enrichissant que fragile.

CHAPITRE 9

SR : Vie publique. Vie privée. La frontière est parfois ténue, voire poreuse. Vous n'aimez pas aborder, y compris pour les autres, ce qui relève de la vie intime. Or il y a curiosité du public, et vous le savez bien.

PPDA : Je n'ai jamais évoqué ces sujets dans le journal pour quiconque, star ou pas, sauf quand l'intéressé officialisait lui-même sa situation. Et cela n'empêche pas notre « 20 heures » d'être, de loin, le plus regardé. Ce qui prouve bien que la curiosité du public dont vous parlez est surtout alimentée par certains journaux pour des raisons purement mercantiles, et non pour un prétendu droit à l'information. Il n'empêche que je me suis parfois retrouvé en position délicate, parce que je devenais acteur plus que témoin. Or ce n'est pas ce qu'on demande à un journaliste. Il n'est là que pour relater, pour mettre en valeur les autres, pas lui-même.

SR : Un exemple, public celui-ci : votre altercation en direct avec l'actrice Béatrice Dalle au journal de 20 heures. Elle vous y accusa carrément de lui avoir envoyé une lettre, avec tous les sous-entendus que cela supposait. Par la suite, les magazines *people* l'ont fait figurer sur la liste de vos conquêtes féminines.

PPDA : Désolé pour les échotiers : je ne lui ai jamais envoyé de lettre ambiguë ! En fait, au cours d'une réception organisée pour les Césars, un an avant cette interview, je la croise au *Fouquet's* et lui fais passer un petit mot de soutien à propos d'une allusion d'un des animateurs de la cérémonie, que j'avais trouvé franchement grossière sur son petit ami de l'époque. Quelque temps après, elle se retrouve poursuivie pour un vol de bijoux. Et quand elle se rend sur le plateau du « 20 heures », quelques jours plus tard, elle sort d'une audience du tribunal correctionnel. Elle est donc tendue, pour des raisons bien compréhensibles. J'ai donc essayé d'abord de la mettre à l'aise. Je l'avais invitée parce qu'elle tournait dans un film de Claude Lelouch dans lequel elle jouait le rôle d'une... kleptomane ! Il était évident que j'allais l'interroger sur ce thème ; personne dans son entourage ne m'avait demandé de ne pas le faire, et, si je m'étais abstenu, on m'aurait taxé à juste titre de complaisance.

Elle l'a très mal pris et a trouvé cette parade qui ne manquait pas d'astuce. Elle n'affirmait rien, mais suggérait. Or, je n'ai jamais eu la moindre relation privée avec Béatrice Dalle dont la personnalité, certes affirmée, est aux antipodes de la mienne !

SR : Les magazines à scandales ne se sont pas contentés de broder sur votre contentieux avec mademoiselle Dalle. Ils vous ont souvent mis en couverture au bras de femmes remarquables ou de créatures de rêve. On vous a prêté des histoires avec Patricia Kaas, Isabelle Adjani, Sharon Stone, Emmanuelle Béart, Mylène Farmer, Jessica Lange, Jodie Foster, Liane Foly,

Sophie Duez, Gabrielle Lazure, et bien d'autres : des actrices, des romancières, des chanteuses, des femmes politiques, des journalistes, des mannequins. Pourquoi ne pas vouloir vous expliquer sur cet aspect-là ?

PPDA : Parce que, d'abord, on ne prête qu'aux riches ! Et l'on invente beaucoup. Un certain nombre de celles dont vous me parlez ne sont que des amies, un point c'est tout. Et c'est déjà beaucoup. J'adore la relation homme/femme. Elle ne passe pas forcément par la conquête. La séduction peut n'être qu'intellectuelle, voire sensuelle ; ce qui compte, c'est que les âmes s'accordent. Sans vulgarité. Or, pour moi, la vulgarité suprême, c'est de déshonorer une femme. Par l'intention, l'acte ou le verbe. Les histoires d'amour n'ont pas à être dévoilées. Elles n'appartiennent qu'à deux personnes, et c'est déjà assez compliqué comme ça !

SR : Il paraît que François Mitterrand vous questionna beaucoup sur vos relations avec Lady Diana ?

PPDA : Parce qu'un rapport de police les lui avait laissé entendre ! Mais je l'ai laissé mariner… Il semblait beaucoup apprécier le charme de la princesse et je ne lui en veux nullement de m'avoir posé de multiples questions sur le sujet. C'est même un des aspects de sa personnalité (goût du ragot, du « qui couche avec qui ? ») qui me le rendait accessible.

SR : Que disait ce rapport de police qui excitait tant la curiosité du Président ? Et, finalement, avez-vous satisfait cette curiosité à propos de votre relation avec la princesse Diana ?

PPDA : Évidemment pas ! Je n'avais fait que dîner à son côté, puis nous nous étions promenés tous les deux dans Paris sans être importunés.

SR : Chaque homme a une femme idéale dans la tête. Si vous deviez faire le portrait-robot de cette femme, que diriez-vous ?

PPDA : Qu'elle n'existe pas, mais qu'il faut continuer d'être en toute chose à la recherche d'un absolu. Si le souvenir des chevaliers du Graal est parvenu jusqu'à nous, c'est qu'ils étaient en quête perpétuelle. Et qu'ils n'ont jamais trouvé. Tout comme Don Quichotte qui rêve d'une Dulcinée qui, dans les faits, n'existe pas. Voilà pourquoi j'aime aussi infiniment le personnage d'Yseult – et donc aussi celui de Tristan.

SR : Au fond, si vous deviez définir votre passion pour le genre féminin, vous vous diriez libertin ou bien romantique ? Ou un peu les deux ?

PPDA : Juste curieux. Inflammable et passionné. Pardonnez ces réponses sibyllines, mais j'ai du mal à me dévoiler. Je ne crois pas à la beauté de la mise à nu. Que l'on soit homme ou femme, il faut garder son mystère. Avec mon confrère Éric Zemmour, j'ai écrit un jour un livre[1] qui se veut un éloge du secret dans la vie privée. Tout n'a pas à être exhibé. Et cela

1. *Les Rats de garde*, de Patrick Poivre d'Arvor et Éric Zemmour, Stock, 2000.

n'empêchera jamais un journaliste d'être un bon investigateur. Il faut à tout prix éviter la confusion entre sphères publique et privée.

SR : Reconnaissez que c'est parfois difficile, tant les frontières, en certaines occasions, sont floues. Restons, si vous le voulez bien, dans un domaine qui n'est pas de l'ordre de la vie intime au sens juridique du terme, mais qui, d'une certaine manière, peut contribuer à vous dévoiler : citez-moi quelques tableaux de maîtres qui représentent le mieux la femme telle que vous la rêvez.

PPDA : La *Jeune Fille et la perle*, de Vermeer. Et deux tableaux de Klimt. Mais, surtout, deux sculptures : la *Pietà* de Michel-Ange et la *Petite Châtelaine* de Camille Claudel.

SR : Avec vous, je me débats en plein dans les contradictions de notre métier. Votre vie privée ne devrait pas m'intéresser, et pourtant je suis amené à vous questionner sur ce terrain parce que vous êtes un personnage public. Non seulement public, mais proche du public. Tous les soirs à 20 heures, vous pénétrez dans les foyers des Français. Vous vous installez chez eux. Vous êtes un peu de la famille. Vous êtes comme un cousin, un gendre, un fils. Et, en même temps, les Français vous considèrent comme un personnage « historique », puisque vous avez été élu, lors d'une récente émission de *France 2*, « Les Cent plus grands Français », comme un des hommes les plus importants de notre Histoire derrière de Gaulle, Napoléon et quelques dizaines d'autres ! Sur le plan de la modestie, voilà qui ne doit pas être simple à gérer ! Au fond, cette réputation de séducteur qu'on vous colle ne nuit-elle pas à votre image ?

PPDA : Le classement que vous évoquez est à l'évidence dérisoire. Refaites ce sondage dans vingt ans : ne subsisteront alors que les personnages qui ont vraiment marqué l'Histoire de France ou ceux qui ont fait avancer le progrès scientifique. Il y a une grande différence entre ceux qui entrent dans le cœur des gens et ceux qui compteront pour la postérité. Quoi qu'il en soit, je ne crois pas que les téléspectateurs qui me regardent chaque soir durant le JT s'interrogent sur mes capacités de séduction. La seule chose qui les intéresse, c'est de savoir si je suis un professionnel sérieux, libre et compétent. Rien d'autre !

SR : Pour revenir à l'épisode avec Béatrice Dalle que nous avons évoqué, la même scène, dans le courant d'une émission radiophonique, n'aurait suscité que peu d'échos. Or, au JT, elle a pris des proportions surprenantes.

PPDA : Le « 20 heures » est une loupe grossissante. Et le direct, un genre de moins en moins pratiqué, car il comporte beaucoup de risques et de pièges. Seules 2 à 3 % des émissions sont aujourd'hui diffusées en direct. Les autres sont « montées ». On y gomme les hésitations, les fautes, les répliques qui ne sont pas à l'avantage de l'animateur. Ce côté préfabriqué élimine le danger. C'est un peu comme les magazines de mode qui, pour être parfaits, passent les créatures qui font rêver au scalpel de la palette graphique des ordinateurs. Là, on fait disparaître d'un coup de souris un commencement de double menton ; ici, on rabote une hanche protubérante. C'est la discutable loi de la recherche de perfection.

L'actualité, elle, n'est jamais parfaite. Elle est chaotique, incertaine, imprévisible, tantôt joyeuse, tantôt dramatique. Nous ne décidons rien, nous sommes à la merci des déchaînements de la nature, de la folie des hommes, de leur génie ou de leur cruauté. Nous ne pouvons pas tricher ; juste relater. Là, il n'y a pas d'autre règle que le direct.

Or les risques sont nombreux. Il m'est arrivé d'avoir affaire à des usurpateurs. Par exemple, à l'occasion de la course à la voile du Vendée Globe, quelques heures avant l'arrivée, je réalise une interview en direct avec Alain Gautier, le vainqueur potentiel. L'homme est très agressif, sa voix brouillée. Au fil de l'entretien, je comprends qu'il s'agit d'un charlatan. Connaissant bien Alain Gautier et ayant suivi nombre de ses courses, je lui pose alors une question personnelle sur son jeu de tennis (j'avais joué avec lui à l'arrivée du La Baule-Dakar). Là, l'homme s'embrouille. Je l'ai démasqué en direct et lui ai reproché de voler la victoire d'un autre. Une enquête a été ouverte. On m'a dit plus tard que l'auteur de ce canular était un journaliste envieux. Ce genre d'incident, j'en ai connu quelques-uns. Il fait partie des risques du direct.

SR : Dans ce domaine, vous êtes ce qu'on appelle un vieux routier. Vous avez quelques heures de vol à votre tableau de service ! Pas moins de dix mille journaux télévisés, c'est vertigineux...

PPDA : D'après mon réalisateur Jacques Asline, historien du petit écran, je serais avec Léon Zitrone celui qui a effectué le plus d'heures de direct depuis les débuts de la télévision, et il est naturel que j'aie rencontré plus d'anicroches qu'un autre. Je fête ce 31 août 2005 un quart de siècle de présentation du « 20 heures ». Et c'est sans doute cette excitation du direct, du saut dans le vide, qui m'insuffle encore l'énergie de continuer. Je me surprends chaque matin à éprouver le même entrain pour me rendre aux studios de Boulogne. Je ne ressens aucune lassitude, car ma curiosité pour la marche du monde et des hommes est intacte. Elle l'est d'autant plus que nous vivons une période complexe et incertaine. La fin de la guerre froide, l'émergence de la puissance chinoise, les enjeux du contrôle de l'énergie par les nouveaux pouvoirs, les dangers liés à la déforestation et au réchauffement de la planète, les dégâts causés par l'homme à la nature, les développements de la recherche sur les embryons humains, le débat sur le clonage et sur toutes les questions éthiques liées à l'allongement de la vie, le retour du religieux : on croule sous les questions aussi brûlantes que fondamentales pour l'avenir du monde. Contrairement à ce que certains ont cru diagnostiquer après la chute du Mur, l'Histoire est loin d'être finie. Pour toutes ces raisons, mes dix mille journaux radio ou télévisés ne m'ont pas rassasié d'informations.

SR : N'est-ce pas pourtant un bon chiffre pour passer la main ? Avez-vous une idée de la date à laquelle vous allez passer à autre chose ? Vous pourriez parfaitement vous consacrer dès aujourd'hui exclusivement à l'écriture.

PPDA : Pas pour l'instant, pas encore. Car j'ai besoin de me nourrir de l'actualité du monde. Je puis en revanche vous dire que je sais exactement quand je déciderai de partir. Mon frère Olivier, qui est aussi mon meilleur ami, connaît également cette date. Mais je ne crois pas qu'il la divulguerait, même sous la torture !

SR : Sincèrement, je ne vous crois pas. La petite lucarne agit comme une drogue. Vous êtes un télé-addicted, un accro à la lumière, si je puis dire.

PPDA : Je suis sûr du contraire mais, si c'est le cas, je vais essayer de m'en guérir ! Je crois d'ailleurs avoir trouvé le vaccin idoine : l'écriture. Pour moi, c'est un très bon antidote. Contrairement à ce que vous semblez penser, je suis foncièrement un solitaire. Seul dans la foule, je vis en autarcie. Cela ne ressemble pas, je sais, à l'idée qu'on se fait du métier, mais c'est la vérité. On peut être seul face à dix millions de Français… Je ne suis jamais aussi heureux que dans le silence, devant une page blanche que j'ai réussi à noircir.

L'un de mes plus beaux souvenirs d'auteur est un livre qui ne s'est jamais fait. Les éditions Stock m'avaient expédié à Bora Bora, à la fin 1989, pour un ouvrage d'entretiens avec Paul-Émile Victor, un des hommes qui m'avaient fait le plus rêver avec Rimbaud, Henry de Monfreid, Isabelle Eberhardt et quelques autres. Nous avons beaucoup parlé durant ces deux semaines de rêve sur son atoll ; je l'ai aidé à classer des documents et des bouts de papier épars qui avaient jalonné toute une vie d'expéditions et de réflexions, puis nous nous sommes tus et nous sommes devenus, malgré la différence d'âge, les meilleurs amis du monde. Il n'était plus besoin de livre. J'avais lu en lui comme dans un livre de vie. J'ai beaucoup appris de lui cet hiver-là. Et j'ai eu plaisir à retrouver tout récemment son fils Teva sur son île polynésienne.

Quelques années plus tôt, j'avais vécu la même expérience auprès d'un autre taciturne, Éric Tabarly. J'avais navigué avec lui en Nouvelle-Zélande et nous nous étions parlé autant par ses silences qu'avec mes mots. J'aime cette pudeur dans l'échange.

SR : S'introduire tous les soirs dans la cuisine ou la salle à manger de son voisin, n'est-ce pourtant pas une forme d'indiscrétion ?

PPDA : Je frappe avant d'entrer ! Le générique est fait pour ça… C'est le téléspectateur qui choisit de regarder. Il n'y a pas effraction !

CHAPITRE 10

SR : Une des énigmes entourant votre personnalité concerne votre activité littéraire. La plupart des gens ont du mal à comprendre comment vous faites pour vous montrer aussi prolifique. Vous avez déjà publié une trentaine de livres, dont une majorité de romans. Comment peut-on présenter le journal de 20 heures, tâche particulièrement accaparante, et s'adonner dans le même temps au travail d'écriture ? Vous faites-vous aider ?

PPDA : C'est mal me connaître. En 1983, quand j'ai quitté la deuxième chaîne, j'ai acquis la certitude que je passerais une partie de ma vie à écrire. J'ai su que je pourrais vivre partout dans le monde avec en tout et pour tout des feuilles de papier et un crayon. J'étais même persuadé que je pourrais supporter vingt ans au Goulag si j'avais la possibilité d'y écrire. L'écriture n'est pas pour moi un hobbie. C'est mon carburant. Ou mon oxygène. C'est un besoin compulsif, mais pas obsessionnel. Je peux écrire n'importe où, n'importe quand, surtout en voyage. Mais le moment privilégié reste la nuit, car je n'ai pas besoin de dormir beaucoup. J'écris aussi beaucoup l'été quand la pression retombe quelque peu. J'ai alors la possibilité de me concentrer davantage.

Je n'ai pas de lieu privilégié, à l'exception de ma maison de Bretagne, une petite ferme qui date de 1750. À quelques mètres de la bâtisse principale, je me suis fait construire une pièce qui donne sur la mer. C'est un endroit austère d'où l'on contemple un rivage déchiqueté, lieu d'épousailles furieuses entre la mer et la terre. Même le ciel paraît en bataille. C'est du côté septentrional de la Bretagne. J'aime bien ce paysage en combat. C'est là que je commence la plupart de mes livres.

Mon troisième roman, je l'ai rédigé en partie chez Denis de Kergorlay, un ancien condisciple de Sciences- Po que j'aimais beaucoup. À l'époque, il était trésorier de « Médecins Sans Frontières », et très ami de la chanteuse américaine Joan Baez. Il était propriétaire du côté de Saint-Lô d'un château dont il nous a confié les clés, à Joan et à moi. Nous nous sommes retrouvés là durant un hiver, elle pour composer des chansons, moi pour écrire *La Traversée du miroir*[1], qui mettait justement en scène un gynécologue changeant de vie pour devenir médecin d'urgence au Cambodge. Nous étions installés chacun dans une aile du château. Le soir, nous dînions ensemble, servis par une cuisinière. C'était assez magique. Joan Baez me jouait ses compositions. C'était un lieu inspiré, je veux dire : où l'inspiration venait très fort.

Mis à part ce genre de moments exceptionnels, j'écris en nomade, c'est-à-dire dans les trains, les avions, les voitures, partout où je suis en transit. Ce sont des instants où vous êtes en suspens, entre parenthèses, dans un temps différent où l'imagination ou le rêve peuvent vous solliciter.

---

1. Balland, 1986.

SR : Vous n'êtes donc pas un forçat de l'écriture, quelqu'un qui s'impose des horaires de travail ?

PPDA : Pas vraiment. Je prélève sur mon temps libre, donc sur mes nuits. Certes, j'écris très vite – trop vite, peut-être –, mais avec acharnement. Je ne connais pas l'effroi ou l'angoisse de la page blanche ; j'éprouve plutôt, comme d'autres, le vertige de la grande solitude, quand rien ne vous dit ce que vous valez au juste. L'écriture se joue seulement à trois : il y a soi-même, l'éditeur et le texte. C'est une toute petite équipe. L'inverse de mon métier de journaliste de télévision où vous partagez la vie d'une rédaction qui fonctionne un peu comme une grande famille. Vous y êtes en contact permanent avec le corps social, avec tous les autres, si je puis dire. Dans l'écriture, vous devez affronter la solitude absolue, sans filet, sans masque. C'est parfois terrifiant, mais c'est aussi ce qui en fait la grandeur.

Pour répondre précisément à votre question, je me mets à écrire quand un livre s'impose complètement à moi. Une petite graine est semée, puis se déroule une manière d'enfantement. À un moment donné, l'œuvre pousse dans votre ventre et exige de sortir. Pour moi, il faut que cet ordre intérieur soit impérieux, que le livre obéisse à une nécessité. C'est le plus important : là, on ne peut plus tricher avec soi-même.

SR : Certains de vos livres ont été plus douloureux à « accoucher » que d'autres ?

PPDA : Celui qui a emprunté le chemin le plus tortueux m'a pris six ans. Je l'ai commencé dans une réserve du Zaïre, puis abandonné, puis repris. J'hésitais sur le genre et le style. Puis, là encore, les choses se sont imposées à moi. *Un héros de passage*[1] raconte de manière romancée la vie de mon grand-père. C'est devenu une saga, une forme d'épopée, suivie quatre ans plus tard de *L'Irrésolu*[2]. Afin d'écrire ces livres et d'autres comme *J'ai aimé une reine*[3], qui évoque le personnage de La Fayette et ses rapports avec

1. Albin Michel, 1996.
2. Albin Michel, 2000.
3. Fayard, 2002.

Marie-Antoinette, je me suis inspiré des romans-feuilletons tels que les concevaient jadis Stendhal, Balzac ou Dumas pour construire la narration. Ce qui explique peut-être aussi le temps que j'y ai consacré. J'abordais un genre nouveau que j'avais peur de ne pas maîtriser.

Un autre livre a connu également une gestation difficile : *La Mort de Don Juan*[1]. Je l'ai entamé au Québec un mois après le 11 septembre 2001. J'avais du mal à mettre en harmonie deux univers très différents : une trame fantastique (la greffe du cerveau de Byron) et le genre romantique, que je cultive davantage. Il m'a fallu trois ans pour opérer la jonction entre les deux genres et m'en sortir.

Mais le livre le plus violent a sans aucun doute été l'hommage à ma fille Solenn, *Elle n'était pas d'ici*[2]. Un texte écrit dans une extrême urgence, sur un petit carnet, en à peine un mois, juste après sa mort. C'était une époque où je ne dormais quasiment plus. J'écrivais chaque nuit, et comme je vous l'ai dit, dans les trains, les salles d'audience, les

1. Albin Michel, 2004.
2. Albin Michel, 1995.

réunions de rédaction. J'étais comme en transes. Quand je l'ai eu terminé, je ne savais plus très bien ce qu'il y avait dedans. Ce qui est terrible et beau à la fois, c'est que ce livre, que je n'ai jamais relu, m'est revenu par des lettres de lecteurs qui ont afflué par milliers. Pour moi, il s'agissait d'un livre écrit par un fantôme. Personne n'y a changé la moindre virgule. L'éditeur n'en a rien touché. Il est sorti de moi presqu'à mon corps défendant. Comme pour *Lettres à l'absente*, j'avais donné deux consignes à mon éditeur : d'abord, tous les droits iraient à la Fondation des Hôpitaux de Paris pour la construction de la Maison de Solenn ; ensuite, je ne voulais pas en parler ni accorder la moindre interview. J'étais comme dans une chambre stérile, coupé du monde.

SR : Vous avez pourtant entendu les critiques qu'on a cru bon de vous faire sur la « mise en spectacle » de votre vie intime ?

PPDA : Un peu de bave et de boue. Cela ne pouvait m'atteindre. Quand on a perdu deux enfants, on se fout de tout ça ! Ces jugements de petits marquis épargnés par la vie ne m'ont pas touché. Ce livre, j'en suis très fier, car il a aidé énormément de jeunes et de parents. De même que celui de Véronique sur Solenn. Combien m'ont écrit pour me dire que ce texte les avait éloignés du suicide ou de la dépression ? De plus, il a permis à d'autres écrivains de se libérer de ce tabou. Il a fait sauter un verrou. Il y avait jusque-là beaucoup de retenue à parler de l'anorexie. Quelques mois après, des écrivains comme Camille Laurens, Bernard Chambaz ou Philippe Forest ont pu évoquer à leur tour avec pudeur leur enfant disparu, cette douleur indescriptible au plus profond d'eux-mêmes. Laure Adler, qui fut conseillère de François Mitterrand à l'Élysée, puis PDG de *France Culture*, a fait de même. Si on peut ainsi se soulager, ne serait-ce que quelques heures, de cette absence insupportable, alors, vive l'écriture ! À la seule condition qu'elle soit maîtrisée, qu'elle rende un son juste, qu'elle ait de la tenue.

SR : À vos yeux, l'écriture d'un livre peut tenir lieu d'exorcisme ?

PPDA : Peut-être. Pour un document, sans aucun doute. S'agissant d'un roman, le cas est plus complexe. Il n'a nul besoin d'être réaliste, au contraire. On peut brouiller les pistes. Un roman n'est pas une confession ; il suit son chemin et vous entraîne parfois loin de son point de départ.

Le moment venu, je raconterai l'histoire secrète de *La Mort de Don Juan*, car ce roman a été écrit au plus près de moi, bien que je n'en sois pas le héros. Il approche du cœur de l'intime, et, dans le même temps, il a engendré sa vie propre, c'est une œuvre autonome. Byron avait écrit sur Don Juan. Sa vie me plaisait davantage encore que son œuvre. D'abord, comme tous mes héros, il est mort à moins de quarante ans. Il conjuguait écriture, passion amoureuse et engagement politique. Il est le représentant le plus éclatant de l'école romantique anglaise. Même si mes goûts vont plus naturellement vers les grands romantiques français ou allemands, j'ai une passion pour le personnage. Dans mon roman, le héros est un acteur britannique qui s'identifie à Byron par un dédoublement de la personnalité qui se déploie à l'infini, suivant le principe des poupées russes ou de la mise en abyme. Pour en atteindre le cœur, il faut effeuiller l'histoire.

C'est là une manière de me protéger. Mais, à ce petit jeu, on se perd parfois, ou bien on réalise que des personnages qu'on croyait contrôler ont pris la poudre d'escampette, rebelles à toute forme d'autorité de la part de l'auteur. J'aime cette sensation, cet instant où les héros prennent leur envol et s'échappent, le plus souvent quand on ne s'y attend pas.

SR : Quand vous révélerez le secret de votre *Don Juan*, parlerez-vous de votre propre donjuanisme ou de ce qu'on présente comme tel ?

PPDA : Je ne sais trop ce que cela veut dire, mais je sais l'importance qu'ont joué les femmes dans ma vie, je ne peux le nier. Il y a dix-huit ans, j'ai d'ailleurs publié un livre intitulé *Les Femmes de ma vie*[1], dans lequel je reconnaissais à quel point elles m'avaient formé, comme elles avaient forgé ma vision du monde, combien elles avaient été présentes

1. Grasset, 1987.

non seulement dans ma vie, mais aussi dans mes rêves. Dans cet ouvrage, je brosse aussi des portraits de femmes fantasmées, qui n'ont pas toutes existé, mais qui me rappellent telles ou telles qui ont croisé ma route. J'ai réuni là une trentaine de portraits, autant que de jours dans un mois.

Le mythe de Don Juan, qui a inspiré quelque trois mille ouvrages, est un thème littéraire primordial, puisqu'il touche à l'essentiel de nos existences : l'amour et la mort, Éros et Thanatos. L'histoire se conclut avec gravité, par la mort comme fin ou comme passerelle vers un ailleurs. Comme tout un chacun, je suis hanté par cette question : « Après la mort, quoi ? » Pour l'instant, je n'entends qu'un silence assourdissant. J'ai tellement envie de croire qu'il y a quelque chose après la mort, que je pourrai retrouver là-haut mes deux petites filles ! Mais le journaliste que je suis a besoin de preuves. Or le moins qu'on puisse dire est qu'elles ne me sont pas administrées quotidiennement.

SR : L'écriture agit-elle pour vous comme une forme de thérapie ?

PPDA : Peut-être tient-elle lieu parfois d'analyse sauvage. Cela permet de mieux se connaître, de jauger ses propres limites, de mieux creuser son sillon. Chacun est libre de faire ce que bon lui semble en ce domaine. Je n'ai jamais consulté de psychanalyste. Sans doute y a-t-il là une part d'orgueil de ma part, mais aussi et avant tout de la pudeur. Je n'ai aucune envie de confier mes pensées secrètes à quelqu'un. C'est pourquoi la forme romanesque me séduit tant.

Sur le fond, le rapport entre les deux activités n'en est pas moins indéniable. Par l'écriture, j'ai envie de me rapprocher du cœur du réacteur qui régit mon existence. C'est une forme d'aventure, un voyage plus mouvementé qu'on ne le croit. On ne sort jamais tout à fait indemne d'un livre. C'est un acte violent, charnel, parfois dangereux. Comme la marche ou la course, l'écriture requiert de se mettre soi-même en déséquilibre.

SR : Votre statut d'« homme le plus regardé de France » vous donne un sacré avantage en matière de promotion de vos livres. Cela vous gêne-t-il parfois de penser que les critiques vont se montrer complaisants à votre endroit parce que vous êtes PPDA ?

PPDA : Bien évidemment, ma position a ses avantages. Mais pas sur la durée. Elle m'a incontestablement aidé pour la publication de mon premier roman. Certains critiques, dans un premier temps, liront peut-être mes livres pour les raisons que vous dites, puis ils se lasseront. Soit mon travail romanesque tient la route, soit il est mauvais. Les lecteurs, eux, se chargent de vous le faire savoir. Personnellement, je crois faire montre de tolérance vis-à-vis de la critique, laquelle doit jouer son rôle. Je ne me sens point trop blessé quand je subis, là encore, les attaques d'un confrère, sauf si elles visent la vie intime. Pour le reste, c'est la règle du jeu et je n'ai pas à me plaindre : j'ai souvent fait l'objet d'appréciations flatteuses et plusieurs de mes livres ont été honorés par des prix prestigieux. Mais d'autres récompenses ou recensions m'ont été refusées au motif compréhensible que « je n'avais pas besoin de cela ».

SR : En même temps, ces critiques ont intérêt à ne pas vous fâcher, car ils écrivent souvent eux-mêmes et sont des clients potentiels de votre émission littéraire sur *TF1*, « Vol de nuit ». Cela vous pose-t-il problème ? N'avez-vous pas le sentiment que les règles du jeu en question sont faussées ?

PPDA : Je conçois et présente des émissions littéraires à la télévision depuis maintenant dix-sept ans. Entre « Ex-Libris » (avec Janick Jossin) et « Vol de nuit » (avec Anne Barrère), j'ai atteint cette année la 500e émission. J'ai accueilli 3 000 écrivains, plus 2 500 autres sur *LCI* dans mon émission « Place aux livres ». Mais je reçois quarante livres par jour ! Vous imaginez les frustrations que cela induit chez les auteurs que je ne peux recevoir. Chacun sait en revanche que je me sens en empathie avec mes invités, que je connais les difficultés qu'ils traversent, et que, contrairement aux nouvelles mœurs en vogue, je lis à fond leurs livres, car j'ai la chance de dormir peu et de lire vite. Trop vite, peut-être, je le reconnais, mais la nuit est mon alliée.

SR : Pourquoi ? C'est le moment où vous lisez et écrivez ?

PPDA : Ma journée se termine souvent quand un certain nombre de téléspectateurs commencent la leur : vers quatre heures du matin. J'ai longtemps mal vécu mes insomnies, avant de me décider à les mettre à profit : pour lire ou pour écrire. Je commence rarement avant minuit, mais je goûte à fond ces quelques heures où j'ai l'impression d'être le maître du monde : Paris dort, les mauvaises ondes s'apaisent, les ondes téléphoniques elles-mêmes se mettent en repos, le sommeil gagne les fâcheux, nous ne sommes plus que quelques milliers à être reliés les uns aux autres par des fils invisibles. C'est souvent à ce moment-là que nous nous téléphonons, mon frère et moi, pour faire le point sur nos livres respectifs ou communs. Ce sont des heures où nous avons les idées claires et nous avançons très vite.

En semaine, je ne dors que quatre heures, je me rattrape un peu le samedi et le dimanche. À mon réveil, je fais le tour des radios, je commence à lire la presse, j'ouvre les dizaines de livres qui me sont adressés chaque jour par la poste, je commence à butiner, à opérer un premier tri, à parcourir les premières pages, et parfois je me fais avoir : je plonge et j'ai du mal à m'arrêter, emporté par la vitesse à laquelle je lis. Je fais donc une première pose en allant courir autour de chez moi. Pas bien longtemps : une vingtaine de minutes, mais chaque jour que Dieu fait, qu'il pleuve, qu'il neige ou qu'il vente. Ça fait trente ans que ça dure et je ne remercierai jamais assez Aymeric de Dampierre, mon copain de *France Inter* qui m'a initié au jogging. Ce sont des moments où les idées me viennent, je m'empresse de les noter juste avant de partir au bureau. Douche glacée (c'est un rituel), pas de petit déjeuner (c'est une faute ; juste un café et une madeleine… de Commercy !), scooter (c'est une commodité). J'arrive toujours en retard au bureau, rarement avant dix heures, et je passerai ma journée à essayer de rattraper ce retard. Je n'y parviendrai qu'à la toute dernière minute, pas à 20 heures, mais à 19 h 59. Je n'ai jamais vraiment su pourquoi : sans doute une guéguerre initiée il y a une dizaine d'années avec nos camarades de la *Deux*. Chaque semaine, nous gagnions l'un ou l'autre une poignée de secondes. Le concurrent s'ajustait. Nous avons conclu une trêve implicite. Ce qui me paraît important, c'est que le lancement du premier sujet ait lieu à 20 heures précises. Il est précédé de cinq ou six titres que je dicte à ma fidèle prompteuse, à la toute dernière minute, vers 19 h 45. Et dès que le journal se termine, après une ultime conférence-critique, je reviens à mes livres et à ceux des autres. Je commence à lire ceux qui me sont parvenus au bureau, je réponds aux téléspectateurs qui m'ont écrit, et je ne quitte *TF1* que très tard. Ce n'est que bien après minuit que je me remets au travail, sur mes livres ou sur ceux que je dois lire.

SR : Quand on écrit soi-même, quel plaisir y a-t-il à mettre en valeur les livres des autres ?

PPDA : Quand j'ai invité à « Ex-Libris » l'écrivain Hervé Guibert pour parler de son mal, le sida, pendant plus d'une heure et demie, les téléspectateurs ont lu ensuite ses livres, puis les livres dont il parlait dans le sien, et ainsi de suite. Cet « effet boule de neige », c'est ce qui permet de continuer à donner le goût de la lecture. Moi, je me suis construit avec quelques livres fondateurs, si je puis dire, comme *Le Petit Prince* de Saint-Exupéry, *La Montagne magique* de Thomas Mann, ou encore *Premier amour* de Tourgueniev. Puis il y a eu Chateaubriand, Stendhal, Rimbaud, Lautréamont. Et parallèlement Jack London, Blaise Cendrars, Hemingway, Kessel qui m'ont donné le goût de l'ailleurs et du dépassement de soi. En les lisant, je me répétais : « Si le héros le fait, pourquoi pas moi ? » Mes compagnons de vie sont devenus Julien Sorel, Rubempré, Monte-Cristo, Gavroche, Martin Eden, entre bien d'autres.

Quand vous êtes timide et complexé, le livre constitue un formidable ami. C'est un sésame qui vous dit que rien n'est prédéterminé, tout vous est aussi possible, que votre sort est entre vos mains. Si, avec mon frère Olivier, j'ai écrit sur Jules Verne, sur Mermoz, sur Magellan, sur Surcouf, bientôt sur Lawrence d'Arabie et sur Alain Gerbault, c'est pour rappeler que les héros s'imposent toujours des défis. Je suis resté un éternel adolescent enthousiasmé par les figures et les destins de personnages qui, un jour, ont décidé de sortir des chemins battus ou tracés d'avance par leur condition sociale.

Mon grand plaisir est d'aller ainsi vers les enthousiastes, parfois même les fous. J'ai eu le plaisir d'être le parrain de Maud Fontenoy qui a traversé cette année le Pacifique à la rame. Folie en apparence gratuite, mais d'abord une aventure intérieure. Elle a parcouru 8 000 kilomètres dans des conditions terriblement dangereuses.

Au même moment, une autre de mes amies, Blanche de Richemont, est partie de Tombouctou avec une caravane de chameaux pour traverser le désert durant un mois et demi, jusqu'aux mines de sel de Taoudenit. J'ai de l'admiration pour ces caractères-là.

Comme pour Nicolas Hulot, mon confident de longue date. C'est quelqu'un qui va jusqu'au bout de ses rêves.

Moi-même, j'espérais un jour traverser l'Atlantique en voilier. Je l'ai fait en 1996 avec Yvan Bourgnon comme skipper pendant la course Québec-Saint-Malo. J'ai recommencé avec lui il y a peu pour tenter de battre le record de la SNSM (le tour de la Bretagne entre Saint-Nazaire et Saint-Malo) et j'ai eu le plaisir de relier Helsinki à Stockholm avec Loïc Peyron pour une étape de la Course de l'Europe. J'ai fait du vol à voile avec Michel Rocard (je crois d'ailleurs avoir été son premier passager), de la plongée sous-marine, du deltaplane, du parapente, de l'ULM pendant le Rallye des Pharaons en Égypte... Bref, j'ai essayé de me remuer, alors qu'enfant on me jugeait contemplatif. J'ai aussi effectué des trekkings avec mon frère d'anniversaire, Patrick Bourrat. Nous sommes allés à Madagascar, en Argentine, au Lesotho, mais aussi, en raquettes, dans les Pyrénées ariégeoises et dans les canyons, du côté espagnol, accompagnés de mon fils Arnaud. Le jour où j'ai couru le marathon de New York, en novembre 2001, soit deux mois après le drame du World Trade Center, Patrick devait être à mes côtés, mais il était resté bloqué à Kaboul.

Nous devions aussi tenter l'ascension du Kilimandjaro, à plus de 6 000 mètres. Je le ferai un jour en souvenir de lui.

Enfin, depuis deux ans, je commence à faire, par étapes, le pèlerinage de Compostelle. Le premier été, j'ai parcouru 200 kilomètres en une semaine. L'été suivant, j'ai poursuivi jusqu'à l'abbaye de Roncevaux, en Espagne. Je suis en train de continuer le chemin avec mon fils François.

J'ai aussi réalisé cette année un vieux rêve : j'ai enfin accosté sur l'île Poivre, dans l'archipel des Seychelles. C'est un endroit où j'étais déjà allé à cinq reprises, sans jamais pouvoir toucher terre, l'île étant difficile d'accès. Je m'étais promis de le faire. C'est fait. Ce fut pour moi l'occasion de rendre hommage à Pierre Poivre, ce grand botaniste aventurier dont on me disait, petit garçon, que je descendais alors qu'il n'a engendré que des filles... Mais j'aime les vies aventureuses comme la sienne. Nous la raconterons prochainement dans la suite des *Rêveurs de mer*[1] qu'Olivier et moi nous écrivons en ce moment. Après les *Coureurs des mers* (les découvreurs de continents), *les Pirates et les Corsaires*, *les Chercheurs de Trésors et autres flibustiers*, viendra le temps des grands explorateurs puis des premiers navigateurs solitaires.

Aujourd'hui, il me reste encore quelques rêves à accomplir : par exemple, passer le Cap Horn à la voile et parcourir la Terre de Feu

---

1. Mengès, 2005.

chère à Blaise Cendrars et à Bruce Chatwin. Ou découvrir les îles Aldabra, entre Mayotte et les Seychelles. Et l'archipel St Brandon, à l'est de l'île Maurice, qu'avec Jean-Marie Le Clézio nous nous sommes promis de découvrir. Vous voyez, il s'agit toujours de rêves d'adolescent.

CHAPITRE 11

SR : Depuis sa création il y a un demi-siècle, la télévision a bien sûr évolué sans cesse et pris une place de plus en plus considérable, voire exorbitante, dans la vie quotidienne des gens, au moins dans les pays développés. Nous voici à l'ère de ce que McLuhan appelait le « Village planétaire ». Nous sommes de plus en plus proches des événements qui se déroulent de l'autre côté de la planète. D'une certaine façon, nous sommes soumis à un bombardement de nouvelles en continu. Pour vous, est-ce un bien ou un mal ?

PPDA : Une des grandes questions qui se posent à nous aujourd'hui est celle du temps médiatique. Tout s'est considérablement accéléré dans notre métier. Nous vivons quasiment au temps de l'instantanéité. Est-ce forcément un progrès ? Un événement télévisé en direct oblige les responsables – politiques ou autres – à réagir dans l'urgence, sans recul, alors qu'ils devraient raisonnablement prendre leur temps. On les pousse à répondre vite, on les presse, on les soupçonne quand leur réaction se fait attendre. On est soumis au règne des « petites phrases », de la surenchère, de l'immédiateté, de l'absence de réflexion.

Cette accélération du temps a transformé considérablement les rapports entre les décideurs et la télévision. Quand j'ai commencé, le pouvoir politique contrôlait avec vigilance les chaînes de la télévision d'État. Aujourd'hui, on a assisté à une grande avancée : la présence de chaînes privées a obligé les politiques à revoir la donne. On assiste encore à des comportements qui relèvent du passé comme, par exemple, la déprogrammation, en avril dernier, du passage sur *France 2* de José Manuel Barroso, le président de la Commission européenne, apparemment pour satisfaire le pouvoir qui ne voyait pas d'un bon œil l'ingérence du représentant des instances bruxelloises dans la campagne française pour le référendum du 29 mai. Cette décision a mis mal à l'aise mes confrères de la *Deux* et n'a même pas permis au président de France-Télévision de garder son fauteuil.

À *TF1*, nos dirigeants ne sont pas nommés ni même « suggérés » par le pouvoir en place. Notre rapport à lui en est moins faussé. Pour puiser encore un exemple dans la dernière campagne pour le référendum sur le Traité constitutionnel européen, j'ai déjeuné avec Claude Chirac afin de discuter d'une éventuelle invitation de son père au « 20 heures » de *TF1*. C'est nous qui lui avons proposé le principe du panel de jeunes présents sur le plateau dans le cadre d'une émission spéciale. Elle pouvait l'accepter ou le refuser. Ce n'était pas un scénario imposé par l'Élysée. Ce sont Étienne Mougeotte et Robert Namias qui ont eu ensuite tout loisir de le peaufiner.

SR : Cette extrême rapidité, ce direct permanent, ce flux continu d'informations sans filet, si l'on peut dire, n'est-ce pas en définitive un avantage ? En fait, chacun peut se faire sa propre idée de l'événement vécu en direct sans passer nécessairement par le filtre d'un pouvoir, d'un groupe de pression ou d'une idéologie quelconque. Ne sommes-nous pas là dans une logique d'information brute, donc « pure » ?

PPDA : Pure ? C'est à voir ! Mais mieux vaut, c'est certain, une ultramédiatisation, une surinformation plutôt que le silence ou la non-information. Entre la guerre d'Afghanistan faite par les Américains, où les télévisions du monde entier quadrillent le pays, dévoilent tout des objectifs de l'US Army, la traque de Tora Bora (avec les excès de communication du Pentagone que cela a induit), et la guerre d'Afghanistan du temps des Soviétiques, vingt ans auparavant, il est difficile de ne pas faire son choix. Pendant huit ans, avec l'armée Rouge, le conflit a provoqué un million de morts. Et nous n'en avons pratiquement rien su ! À l'époque, nous avons même dû parachuter des mini-caméras pour que la rébellion puisse tourner des images, donc nous montrer une partie des réalités de cette guerre. La main de fer soviétique avait tout étouffé. Et l'on devait se contenter des déclarations de Georges Marchais, secrétaire général du Parti communiste français, au journal d'Yves Mourousi, pour se croire informé !

Sur les conflits armés, il est évident que nous devons lutter en permanence avec les services de propagande des armées en action qui ont tendance à nous conduire là où cela les arrange. Ou bien parfois à nous manipuler. C'est logique. Nous devons donc chercher à multiplier et diversifier nos sources d'information, les recouper systématiquement pour ne pas nous laisser piéger. D'où la nécessité d'avoir plusieurs reporters dans chaque camp et sur tous les terrains, avec les risques que cela représente pour chacun. Il reste des conflits que nous ne couvrons pas assez, soit par paresse, soit par manque d'appétence, comme celui du Darfour, ou, auparavant, celui du Timor, voire celui du Rwanda qui m'a laissé un terrible sentiment de malaise.

J'ai présenté un journal en direct de Goma, en plein conflit rwandais, juste après le génocide, mais c'était déjà trop tard. D'une manière générale, les médias occidentaux ont été bien timides ou discrets dans cette affaire !

S'ajoute à cela la question du dosage des images que nous devons montrer ou pas. À de nombreuses reprises, nous avons choisi de ne pas diffuser des séquences par trop choquantes. Où finit l'information ? où commence le voyeurisme ? Mais, en ne montrant pas telle ou telle scène révulsante, qu'elle nous vienne du Proche-Orient ou d'ailleurs, ne sommes-nous pas en train de couvrir les pires agissements ?

SR : C'est bien là toute la difficulté de ce métier. Vous avez fait là allusion à deux pays, l'Irak et Israël, où la communication, parfois même la propagande, quel que soit le camp, est devenue une arme essentielle, voire déterminante. Il est parfois impossible de contrôler les effets politiques de la diffusion d'une atrocité, quelle que soit son origine. Dans tous les cas, on est piégé. Un jour, vous pouvez apparaître comme propalestinien parce que vous montrez les contrôles tatillons, voire brutaux, de Tsahal sur la population palestinienne. Un autre jour, vous vous attardez fort logiquement sur les horreurs commises contre les civils israéliens, suite à un attentat aveugle, et on vous catapulte dans la catégorie des partisans d'Ariel Sharon. On ne sort jamais indemne de ce genre de choix.

PPDA : Charles Enderlin, le correspondant de *France 2* à Jérusalem, le sait mieux que personne. Il a fait l'objet d'une incessante campagne parce que son cameraman palestinien avait filmé la mort d'un jeune garçon, Mohamed, pris sous le feu de balles israéliennes. On lui a dit que c'était faux. Mais l'information n'a ni passeport ni drapeau. Seules comptent la conscience du journaliste et la pertinence de ses évaluations. Il faut partir vierge de tout *a priori* quand on aborde n'importe quel reportage. Les téléspectateurs, les auditeurs, les lecteurs n'aiment pas les opinions prémâchées, le prêt-à-penser universel. Il faut permettre à chacun de se forger son propre jugement.

SR : Les bouleversements technologiques, l'apparition du numérique, par exemple, ont permis aux journalistes reporters d'images – les JRI, comme on dit dans le jargon – de monter leurs sujets directement sur des ordinateurs portables et de les envoyer par satellite. C'est un changement radical dans le traitement des conflits planétaires, mais aussi dans celui des sujets de proximité qui touchent à la vie privée des gens. Le monde judiciaire, tout comme les politiques, est à son tour soumis à cette pression de la vitesse. Il lui faut lui aussi réagir vite, au risque de bâcler des dossiers, donc de provoquer de terribles erreurs.

PPDA : C'est là un des sujets les plus brûlants, car il touche à la défense des libertés de chacun d'entre nous. Le temps médiatique essaie de s'imposer au temps judiciaire comme au temps politique. Les juges ont pu croire un moment en profiter. On a communiqué à une vitesse accélérée sur tous les actes de procédure. Jusqu'alors, on parlait d'une affaire dès lors que quelqu'un était inculpé, sans d'ailleurs toujours connaître les termes de l'inculpation ni le contenu exact du dossier. Les journaux se sont mis à embrayer au quart de tour, puis on a modifié la dénomination des inculpés, devenus « mis en examen », pour adoucir le choc. On a ensuite communiqué sur les ouvertures d'information, sur les soupçons éventuels qu'un magistrat peut nourrir à l'encontre d'un individu. On n'a donc cessé d'anticiper systématiquement sur l'enquête. Il est même souvent arrivé que certains journaux annoncent des inculpations quelques heures, voire quelques jours avant qu'elles aient été prononcées. Et parfois même sans qu'elles le soient ! Les autres médias relaient aussitôt l'information, la plupart du temps pour ne pas se laisser prendre de vitesse par un concurrent ou pour ne pas se faire accuser de frilosité.

C'est une course-poursuite on ne peut plus dangereuse. Quand, à huit heures moins une, je reçois un bulletin de l'AFP qui m'annonce que, « selon des sources proches de l'enquête », le préfet Bonnet a avoué dans l'affaire des paillotes, que dois-je faire ? Si je ne diffuse pas l'information parce que nos équipes n'ont pas encore pu en vérifier l'exactitude, d'autres chaînes le feront, quoi qu'il advienne. On ne peut alors contacter personne. L'interrogatoire du préfet n'était même pas terminé ! Comment confirmer ? Faut-il faire aveuglément confiance aux agences, ou même parfois à des confrères de la presse écrite qui ont eu l'occasion d'aller, eux aussi, trop vite et de diffuser des informations pas toujours fiables ou pas suffisamment étayées ?

Résultat : parfois, la machine médiatique s'emballe. On en vient à mettre en cause des gens qui seront ensuite blanchis. Les limites sont très difficiles à tracer. Lorsque Dominique

Strauss-Kahn a été soupçonné dans l'affaire de la MNEF, alors qu'il était ministre de l'Économie de Lionel Jospin, j'avais souhaité que l'on ne le filme pas, lors de son retour d'un voyage au Vietnam. Une chaîne concurrente l'a fait en le filmant à distance à sa descente d'avion. Dans la mise en scène de cette séquence, on le présentait comme un homme traqué. Là, on était déjà dans une forme de présomption de culpabilité. Or, deux ans plus tard, il fut mis hors de cause. Et qu'a-t-on entendu alors ? Un *nostra culpa* ? Ou, plus insidieusement, la petite musique bien connue : « Il n'y a pas de fumée sans feu » ?

Il en va de même pour bien des affaires touchant à des personnages en vue, à commencer par celle qui rongea Dominique Baudis.

Je vais vous faire une confidence, tout en sachant qu'elle ne m'honore pas, journalistiquement parlant. Entre les deux tours des élections législatives de 1993 – une déroute pour la gauche –, j'ai reçu un coup de fil du Premier ministre de l'époque, Pierre Bérégovoy, que je connaissais depuis longtemps : « Le Président me demande de venir parler à la télévision. Cela ne m'enchante pas. Les carottes sont cuites, mais il faut sauver les apparences. Peux-tu me recevoir ce soir dans le journal ? » Nous étions un mercredi matin. Une demi-heure plus tôt, je ne le savais pas encore, François Mitterrand venait d'évoquer en Conseil des ministres son « épée de général vaincu » et de m'accuser, sans trop prendre de gants, d'être l'un des responsables de sa défaite. La voix de Pierre Bérégovoy était lasse. Je répondis favorablement à sa demande. Il avait téléphoné peu de temps auparavant à Gérard Carreyrou, directeur de l'information, qu'il connaissait d'encore plus longue date que moi. Gérard qui, lui aussi, pensait qu'il était bon de le recevoir ce soir-là, m'avait dit : « Tu verras, il a quelque chose de particulier à te demander. Je te laisse apprécier. »

Presque soulagé qu'on l'accepte encore sur un plateau malgré le désastre annoncé, le chef du gouvernement avait en effet une requête un peu spéciale à formuler : « Pourrais-tu, s'il te plaît, ne pas trop insister sur mon affaire, dans tes questions ? » L'affaire ? Un prêt d'un million de francs que lui avait consenti Patrice Pelat, l'ami du Président. Chahuté sur le sujet dans les meetings par d'autres militants de gauche, le Premier ministre en était très affecté. Son ton était si implorant que j'accédai à sa requête. J'ai même fait mieux – ou pire – ce soir-là : je ne lui en ai pas du tout parlé. Il ne m'avait rien imposé, tout juste m'avait-il suggéré de ne pas insister. S'il en avait été autrement, je me serais cabré et aurais répondu par la négative. Mais, ce jour-là, il me semblait si abattu, et l'affaire si dérisoire au regard de l'enjeu électoral, que je fis passer la compassion avant le goût du sang. Il n'empêche que je me suis demandé pendant quatre jours si je n'avais pas failli professionnellement.

Le dimanche, il advint ce qui était prévu : la gauche fut largement battue, et Pierre Bérégovoy céda sa place à Édouard Balladur. En revanche, ce que n'avaient pas pronostiqué ceux qui accablèrent le Premier ministre, c'est qu'un mois plus tard il se suiciderait. Nul ne sut pourquoi. Était-ce en relation étroite avec son affaire ? Un tel acte relève de l'intime. Toujours est-il que je préfère ne jamais avoir porté ce remords-là.

SR : Avec Pierre Bérégovoy, vous avez agi par intuition et compassion, je n'en doute pas, mais aussi par affection. Ce sont des cas où il est difficile de choisir la bonne attitude. Dans certaines affaires criminelles, il m'est arrivé de révéler des informations indiscutables qui firent beaucoup de mal à des familles entières. Une seule fois, cela entraîna même le suicide d'un homme. Cette fois-là, je ne me suis pas senti particulièrement fier de moi. Pourtant, c'était quelqu'un que je ne connaissais pas. J'avais fait mon métier, j'aurais dû me laver les mains des conséquences, mais c'était impossible. Je comprends donc votre réaction. Mais, si le combat avait été serré entre la droite et la gauche, à quelques jours du scrutin, auriez-vous agi de la même manière ?

PPDA : Je n'en suis pas sûr. Ces décisions se prennent toujours à l'instinct, jamais par calcul, parfois même dans le cours de l'interview. C'est pourquoi cet art est si délicat et passionnant.

SR : Vous-même, à *TF1*, on vous a reproché d'avoir diffusé, à la veille du premier tour de l'élection présidentielle, en 2002, un sujet dit « sécuritaire » sur l'histoire d'un vieil homme agressé dans sa maison, laquelle fut incendiée ensuite. Les images de cet homme solitaire, hagard au milieu des ruines de sa bicoque, n'étaient pas neutres, elles non plus ?

PPDA : Bien entendu. Surtout la veille et le jour même de l'élection. Je ne présentais pas le journal ce jour-là, mais rétrospectivement, de l'avis même de ceux qui étaient alors aux manettes, sur notre chaîne et sur les autres qui diffusèrent le même reportage, le sujet ne méritait pas d'occuper cette place. Pour autant, ne mélangeons pas tout. À l'époque, entre les élections municipales et la présidentielle, le besoin de sécurité était omniprésent parmi les aspirations des citoyens. Il a même, pendant deux ans, devancé la crainte du chômage dans toutes les enquêtes d'opinion. Et nombre de drames comme celui de la tuerie du conseil municipal de Nanterre sont venus émailler la campagne électorale qui a vu, *in fine*, Jean-Marie Le Pen prendre l'avantage sur Lionel Jospin. Ces affaires-là n'ont pas été inventées par la télévision ni par la presse !

SR : La grande difficulté, aujourd'hui, est de ne pas sacrifier à la surenchère, de ne pas céder au syndrome de la rumeur, comme on l'a vu dans l'affaire d'Outreau ou dans l'affaire Alègre. Comment retenir les journalistes de courir avec la meute ?

PPDA : Le cas de Dominique Baudis est exemplaire. C'est quelqu'un qui a été poussé dans la nasse. À l'antenne, j'avais veillé à ce que tous nos commentaires soient prudents. Le moindre de nos propos était pesé au trébuchet, assorti de force conditionnels. Pendant toute l'affaire de Toulouse, on a gardé une certaine mesure, alors même qu'on nous reprochait d'avoir permis au président du CSA de s'exprimer comme il l'entendait, le premier soir de l'orage. Malheureusement, on a laissé passer une interview de Djamel, le faux témoin, dont on allait apprendre très vite qu'il était l'objet d'un suivi psychiatrique et qu'il avait une nette tendance à l'affabulation. Sur place, à Toulouse, nous avions pourtant une journaliste confirmée, dotée d'une grande expérience ; nous l'avions fait venir de *France 2* pour diriger notre service de grands reporters. Je lui ai fait part de mes doutes, je lui ai conseillé de vérifier le témoignage, puis je lui ai demandé de retirer tout ce qui relevait de mises en cause *ad hominem*. Nous avons différé d'un jour la diffusion du sujet. Le lendemain, on n'avait pas procédé à la vérification demandée au château où le travesti disait avoir été le témoin d'horribles sévices. Je regrette donc d'avoir diffusé cette interview.

Dans cette affaire, il y a eu intoxication collective des journalistes. Ils ont trop facilement accordé du crédit aux enquêteurs et aux magistrats qui n'ont pas tous respecté les règles en vigueur. Celles-ci consistent à vérifier la matérialité des accusations que des témoins peuvent porter à l'encontre d'autres personnes connues ou inconnues. Il ne faut jamais croire les gens sur parole. Il faut apporter des preuves irréfutables, pas des fantasmes, ni des constructions insuffisamment étayées.

En l'occurrence, la presse a encore péché par précipitation. S'agissant du *Vrai Journal* de *Canal +*, elle s'est même laissée entraîner dans une dérive inquisitoriale. Le drame qu'a vécu Dominique Baudis, ainsi que toute sa famille, reste un modèle de ce qu'il ne faut pas faire, une leçon à méditer dans les écoles de journalisme. Nous ne sommes ni des procureurs, ni des avocats, ni des policiers. Trop de confrères se laissent griser au petit jeu de Sherlock Holmes et oublient que nous devons toujours informer et non pas instruire au sens judiciaire du terme. Nous avons parfaitement le droit d'interviewer un voyou ou supposé tel, de l'interroger sur ses motivations, son parcours ; jamais celui de le dénoncer à la police ou à la vindicte populaire. Notre rôle n'est pas de prononcer des verdicts, mais de raconter. Les faits peuvent déjà être en eux-mêmes suffisamment blessants.

Un ancien directeur de cabinet du maire de Paris m'a écrit un jour. J'avais cité son nom dans une simple brève, parce qu'il avait été mis en examen dans l'affaire des HLM de la capitale. Dans sa lettre, il me révéla que ces quelques mots avaient déclenché un tremblement de terre dans sa vie : plus personne ne voulait lui parler, pas plus son entourage que les commerçants de son quartier. Il estimait être devenu un paria. En une poignée de secondes, le destin d'un homme peut ainsi être ravagé par la divulgation d'une nouvelle. Pourtant, je me devais, dans ce cas, de la rapporter…

Un soir, j'ai été amené à annoncer qu'un DC10 d'UTA partant de N'Djamena, capitale du Tchad, à destination de Paris, n'arriverait jamais. Nous étions les premiers à annoncer la nouvelle. C'était donc un scoop. Mais il s'agissait aussi d'un drame douloureux. Ce que j'ai révélé à des millions de téléspectateurs, ce jour-là, je l'ai annoncé aussi aux familles des passagers et du personnel de bord, pilote, copilote, hôtesses. L'épouse d'un navigant m'a écrit pour me reprocher délicatement de ne pas avoir attendu que les familles soient officiellement prévenues.

Nous sommes confrontés en permanence à ce genre de contradiction. C'est la face noire de notre métier, qu'il ne faut pas dissimuler. Je pense, dans ces moments-là, aux policiers chargés d'aller annoncer la mort tragique d'un enfant à un parent. C'est parfois ce que nous faisons à grande échelle, face à l'œil de la caméra, dans une salle de rédaction ou sur un plateau de télévision. Il ne faut jamais oublier qu'au bout de la chaîne, il y a des vies humaines, des intimités à protéger, des deuils insupportables. J'essaie d'y songer en permanence. Les téléspectateurs sont toujours là pour me le rappeler, avec leur courrier quotidien.

Mais il ne faut pas être hypocrite : on peut éprouver une certaine excitation à annoncer une information dramatique qui relève du planétaire, du stupéfiant, de l'extraordinaire. Par exemple, la tragédie du 11 septembre 2001. Nous sommes en direct, dans l'hébétude de l'événement. Ce jour-là, un de mes concurrents fait ses débuts à l'antenne. Il est filmé par *Canal +* qui tourne un reportage sur lui. À la seconde même du second impact sur les Twin Towers, il lâche un « C'est génial ! », sans s'en rendre compte. À ce moment, il est grisé, tout à l'excitation de cet événement inouï. C'est une réaction classique que j'aurais pu avoir, moi aussi, en d'autres temps. Ce type d'événements nous galvanise de manière parfois gênante.

SR : Dans ce métier, il y a des cas-limites où l'on ne peut plus tricher. Prenons le cas du cameraman qui se trouve en train de filmer un assassinat. Que doit-il faire ? Tourner, ou tenter de sauver la victime ? Être un lâche qui fait un scoop, ou un héros qui ne fait pas son métier ? Vous êtes-vous retrouvé dans ce genre de situation ?

PPDA : En tant que téléspectateur, j'ai été traumatisé par la diffusion d'un reportage sur une coulée de boue qui avait fait plusieurs milliers de morts, en Colombie, il y a une vingtaine d'années. On y voyait une petite fille, Omayra, agoniser en direct sous l'œil des cameramen qui la filmaient quand même. J'en avais beaucoup voulu aux journalistes qui avaient présenté, commenté et diffusé cette séquence. Je ne présentais plus le journal à l'époque. Comment me serais-je comporté à leur place ? Moi-même, cinq ans plus tôt, en novembre 1980, j'avais été envoyé couvrir un tremblement de terre près de Naples. Le bilan était terrible : vingt mille morts. Je suis parti de Paris à bord d'un avion privé pour être sur les lieux le plus vite possible, avec deux équipes d'*Antenne 2*. Nous sommes arrivés à Laviato, petit village sinistré, avant même les secours. Il faisait nuit. Que devions-nous faire ? Commencer à filmer, ou essayer de porter secours à des gens ensevelis, encore vivants ? À un moment donné, quelqu'un nous demande de prêter notre torche d'éclairagiste pour tenter de repérer des blessés. La première réaction du cameraman fut de refuser. Il voulait poursuivre son travail. Nous nous sommes aussitôt ravisés. Les villageois ont ainsi pu extraire plus vite un petit garçon des décombres. Je me souviens encore de son pauvre sourire et de son prénom : Alfredo. Pour moi, pas l'ombre d'une hésitation : dans ces cas-là, il faut réagir en être humain, pas en journaliste.

Dix ans plus tard, je me suis à nouveau trouvé confronté à un dilemme de même nature. J'étais à Bagdad avec Catherine Jentile, grand reporter à *TF1*, avant que la première guerre contre l'Irak soit déclenchée par la coalition occidentale ; c'était l'époque des « boucliers humains » mis en place par le régime irakien. André Janier, le chargé d'affaires français, que je connaissais bien pour l'avoir côtoyé quand il était en poste à Beyrouth, me parle d'un seul cas délicat à régler parmi la communauté française de Bagdad : un ingénieur de Bull, André Barbut, est seul avec son fils Florian, âgé de dix-huit mois seulement. Sa femme avait quitté la capitale irakienne avec son autre petit garçon, la veille de l'invasion du Koweït par l'Irak, et donc du blocus aérien qui en avait résulté. Il devait la rejoindre le lendemain. Trois semaines s'étaient écoulées. La femme du chargé d'affaires venait de tenter de passer la frontière après avoir fait de longues heures de route avec le bébé. On l'avait autorisée à passer en Jordanie grâce à son passeport diplomatique, mais le bébé, lui, avait été refoulé !

Je tente une intervention auprès des autorités irakiennes. En vain. On me rétorque que l'enfant est un citoyen français comme un autre, et que, sans visa, il ne peut quitter le territoire. Que faire ? Nous sommes, nous, libres de nos mouvements, en apparence du moins, alors que des compatriotes se retrouvent, eux, otages du régime. Je propose alors au père de ramener Florian en France à bord de notre avion privé, en cachette. Il faut agir vite, car *Radio France Internationale* vient d'annoncer que les transferts des « otages occidentaux » sur des zones dites « sensibles » ont commencé. Tiraillé par le choix à faire, André Barbut me remercie chaleureusement. Florian se retrouve caché dans un bagage que je transporte à l'épaule, comme un sac de sport. Nous montons dans le minibus qui doit nous conduire à l'aéroport. Nous nous méfions, bien sûr, du chauffeur irakien. Nous passons sans encombres un premier contrôle routier, puis un second. Au troisième, l'enfant se met à pleurer. Nous avons alors chanté, l'équipe et moi, pour couvrir les cris du bébé, mais il était manifeste que le chauffeur avait tout entendu.

Parvenus à l'aéroport, deux mauvaises nouvelles nous y attendent. Un échange de prisonniers irakiens et iraniens est en cours, ce qui signifie une forte présence militaire sur le terrain. D'autre part, notre chauffeur entre en conciliabules avec des soldats, ce qui n'est pas de bon augure. Je tente alors le tout pour le tout : je me précipite sur le tarmac où attend notre avion, hélé par les militaires qui m'intiment l'ordre de faire demi-tour.

J'ai pu alors passer subrepticement mon précieux sac au pilote qui s'est engouffré dans l'avion quelques secondes avant que les Irakiens passent tous nos bagages aux rayons X. Nous l'avons échappé belle ! Le bébé est resté caché dans les toilettes jusqu'au décollage. À Paris, à l'aéroport du Bourget, sa maman, Karoline, l'a récupéré.

J'ai longuement raconté cette histoire dans un livre, *L'Homme d'image*[1]. Elle est révélatrice des dilemmes auxquels nous sommes parfois confrontés sur le terrain. Devais-je tenter ce sauvetage au

1. Flammarion, 1992.

risque de mettre toute mon équipe de reportage en danger ? Ou bien détourner le regard ?

SR : À Paris, on vous a tancé à propos de ce « sauvetage médiatique », de ce coup humanitaire un peu trop « hollywoodien ».

PPDA : J'aurais bien aimé voir mes censeurs en pareilles circonstances ! Cette affaire devait demeurer secrète, d'abord pour la sécurité du père, resté à Bagdad, mais aussi parce qu'elle me mettait dans une situation délicate auprès des autorités irakiennes. J'avais tout intérêt à ce que rien n'en filtre, car je voulais à tout prix revenir au plus tôt à Bagdad pour interviewer Saddam Hussein. Mais cette opération n'était pas un modèle d'action clandestine et nous n'avions rien d'agents secrets en mission pour le compte de la DGSE ! Quand nous sommes arrivés au Bourget, plusieurs journalistes et photographes étaient là, fort logiquement : nous étions les premiers Occidentaux à revenir d'Irak après l'occupation du Koweït. La maman de Florian était là aussi, accompagnée d'amis. Quant à la communauté française de Bagdad, elle était au courant de notre expédition depuis plusieurs heures. Très vite, des entrefilets furent publiés dans les journaux. J'ai décidé de ne pas répondre aux questions qu'on me posait, mais il était trop tard. Les Irakiens se sont sentis floués. L'ambassadeur d'Irak à Paris a alors proposé un marché à Michèle Cotta, directrice de l'information de l'époque : il fallait que j'accepte de dire que l'opération avait été menée à bien avec le consentement des autorités irakiennes, pour ne pas les humilier. En échange, je pouvais espérer avoir un entretien avec Saddam Hussein.

Je refusai. Accepter ce genre de marchandage revenait à entrer dans un engrenage infernal. D'autant qu'il y avait là-bas des otages français et que Paris s'apprêtait à entrer en guerre contre Bagdad au sein d'une vaste coalition internationale.

SR : Certains, à l'époque, sont même allés jusqu'à prétendre que vous aviez obtenu votre visa pour l'Irak, avec toute l'équipe de *TF1*, grâce aux relations privilégiées de Francis Bouygues avec Saddam Hussein…

PPDA : Si ces détracteurs s'étaient renseignés, ils auraient appris que Francis Bouygues ne travaillait plus en Irak depuis belle lurette ! Et que je connaissais déjà le dictateur irakien pour l'avoir interviewé avec Catherine Jentile, quinze jours avant qu'il n'envahisse le Koweït. Notre patron avait en revanche mis son avion personnel à notre disposition pour nous rendre à Bagdad, alors que sa compagnie d'assurance avait refusé de couvrir le risque. Le soir de notre retour, il nous a même invités à dîner. Il voulait tout connaître de cette aventure, sachant pourtant que j'avais pieusement menti à mes patrons à chacune de nos escales en assurant que le plan de vol n'avait pas été remis en cause par les autorités irakiennes. La vérité est que nous n'avions aucun « feu vert » de Bagdad et que j'avais pris la décision de poursuivre malgré tout le voyage. La piste, plongée dans l'obscurité, n'a été éclairée qu'une minute avant notre atterrissage... Mais Francis Bouygues était fier de ses deux pilotes et de ses journalistes : « Ça, c'est une opération de commandos ! » nous a-t-il lancé.

Tous, autour de lui, ne partageaient pas son enthousiasme. Les politiques s'en sont mêlés.

Le Premier ministre lui-même, Michel Rocard, a publié un communiqué laissant entendre que les chaînes privées confondaient information et spectacle, et nous reprochant clairement d'être allés là-bas pour donner la parole aux autorités irakiennes. La *Cinq*, à l'époque également chaîne privée, se vit reprocher, de son côté, d'avoir invité sur son plateau l'ambassadeur d'Irak à Paris. Les chaînes publiques semblaient avoir été bien plus sages, comme souvent en pareilles circonstances.

SR : La polémique a pris alors un tour singulier. Vous avez été contraints, à *TF1*, de réagir publiquement, ce qui est assez rare.

PPDA : Avec Michèle Cotta et Gérard Carreyrou, nous avons tenu une conférence de presse pour raconter notre travail sur place, puis nous avons sollicité un entretien avec Michel Rocard. Il fallait crever l'abcès. Il nous a reçus presque aussitôt avec son directeur de cabinet, Jean-Paul Huchon, et son chargé de presse, Guy Carcassonne. Il a insisté sur le rôle des médias en temps de guerre, sans nous convaincre. Nous revendiquions notre indépendance. Même dans le cadre d'un conflit armé, un organe d'information peut disposer d'une marge d'appréciation et de manœuvre, et n'être pas soumis aux mêmes règles que l'armée. Un peu plus tard, d'ailleurs, on nous reprochera d'avoir diffusé un reportage de Michel Floquet montrant le peu d'enthousiasme de certains soldats français. « Atteinte au moral des troupes ! » couinèrent alors les bien-pensants.

SR : Ces soupçons de connivence avec l'Irak vont vous poursuivre, car, malgré l'affaire Florian, vous repartez, trois jours plus tard, pour Bagdad afin de tenter à nouveau d'interviewer Saddam Hussein. Vos relations avec les Irakiens ne s'étaient donc pas si dégradées à ce moment-là ?

PPDA : Elles n'étaient pas au beau fixe, c'est le moins qu'on puisse dire. Nous reçûmes même un avertissement des plus hautes instances de l'OLP, qui étaient en contact régulier avec Bagdad, me déconseillant fermement de me rendre sur place. Le bruit courait que les

Irakiens voulaient se venger de mon équipée avec Florian. On m'exhortait à ne pas partir : il s'agissait peut-être d'un piège. Patrick Le Lay n'était pas loin de partager cet avis. Il était convaincu que ce voyage était trop risqué et qu'il valait mieux s'abstenir. Cette fois, il estimait devoir privilégier la sécurité de ses troupes.

Finalement, je parviens à le convaincre. Je partirai à Bagdad, mais sans équipe de *TF1*. Pourtant, Arnaud Dupuy, un des « JRI » les plus coriaces de la chaîne, était prêt à me suivre. Mais la direction n'a pas cédé à ses suppliques. Au bout du compte, avec la bénédiction d'Étienne Mougeotte, je suis parti en compagnie d'un cameraman extérieur à *TF1*, Michel Parbot, vieux complice d'« Ex-Libris », qui avait connu son heure de gloire en filmant, le premier, le débarquement des Américains à la Grenade.

Quand nous débarquons à l'aéroport de Bagdad, l'atmosphère a changé. Le comité d'accueil se tient plutôt sur la réserve, tout en ne m'interdisant pas de pénétrer en territoire irakien. Pendant quelques heures, je me dis que les craintes de Patrick Le Lay étaient justifiées et que ma situation n'est pas des plus rassurantes. J'attends deux jours à l'hôtel un coup de téléphone. En vain. Au matin du troisième jour, on me signifie mon arrêté d'expulsion. Je m'apprête donc à rentrer à Paris.

À quelques heures de notre départ, on nous annonce qu'un événement important va se produire. Après un étonnant tour de la ville, nos guides nous ramènent dans le quartier de l'hôtel Racheed où nous étions auparavant, et nous font pénétrer dans un palais des congrès. Nous attendons dans un salon équipé de nombreux fauteuils, persuadés que le Président irakien va alors tenir une conférence de presse. Bref, pas de scoop à l'horizon...

Mais ce ne sont pas des journalistes qui sont attendus. On nous révèle que des otages vont venir nous rejoindre. Nos guides les appellent les « hôtes étrangers ». Cela sent l'opération de propagande. Que faisons-nous là, Michel Parbot et moi, au milieu de ce coup tordu ? Nous craignons d'être embarqués dans une colossale manipulation. Que faire ? Refuser de participer à cette mise en scène totalement contrôlée par le pouvoir irakien ?

On nous promet alors l'entretien avec le Raïs dès qu'il aura fini de discuter avec les « hôtes étrangers ». À ce moment, une trentaine d'otages – Américains, Anglais, Japonais et Français – pénètrent dans le salon. Les deux Français se précipitent vers moi. Et m'informent de leur situation : leurs conjoints sont bloqués sur des sites stratégiques en tant que « boucliers humains ». Fébrilement, ils me communiquent en cachette les numéros de téléphone de leurs proches pour que je les rassure sur leur sort.

Soudain, Saddam Hussein fait son entrée, entouré par un nombre impressionnant de gardes du corps. Il improvise un débat quelque peu surréaliste avec les otages. Certains, particulièrement courageux, apostrophent le dictateur et demandent qu'on libère au moins leurs enfants. La scène qui suit est, elle aussi, extravagante. Saddam Hussein se tourne alors vers moi et dit aux otages : « Il y a ici un journaliste français. Souhaitez-vous qu'il pose des questions et qu'il puisse témoigner à la face du monde ? » Oui, répondent-ils, unanimes.

Je pars donc à l'assaut. Je demande à Saddam Hussein pourquoi il ne libère pas au minimum les femmes et les enfants. Pour le provoquer, je lui dis trouver étonnant qu'un Arabe, qui attache tant de prix à l'honneur et à la fierté, s'en prenne à des enfants et les transforme en

« boucliers humains ». Agacé, il me rétorque que les enfants irakiens souffrent eux aussi du fait de l'embargo. Je poursuis sur le thème du nationalisme arabe : comment peut-il se comparer à Nasser dont le successeur, le Président égyptien Hosni Moubarak, le traite de menteur ? Là, je sens que j'ai franchi la ligne jaune. Saddam Hussein bout littéralement. L'interview est en train de mal tourner. Ses gardes du corps s'agitent, l'interprète me jette un regard suppliant.

Soudain, le Président irakien cesse de me parler, il se lève, va saluer une Anglaise et l'informe qu'elle est libre, elle et son enfant. Quelques heures plus tard, il ordonnera la libération de toutes les femmes et des enfants otages. Mais, auparavant, il organise une séance de photos au cours de laquelle il pose au milieu de ceux qu'il appelle ses « hôtes étrangers ». Il me demande de venir les rejoindre. Je refuse et reste à l'écart. Puis il s'approche de moi et me glisse : « Pourquoi avez-vous été aussi agressif ? J'aime tant la France ! Et je viens d'accéder à votre demande… »

SR : À ce moment, il n'évoque pas votre équipée avec le petit Florian ?

PPDA : Non, il commence par me parler de manière assez brutale, me faisant comprendre qu'il suffirait d'un rien pour que je serve à mon tour de « bouclier humain ». Je tente de calmer le jeu, de détourner la conversation sur les otages, et, pour détendre un peu l'atmosphère, je lui demande s'il est vrai qu'il porte un gilet pare-balles. Il part d'un grand rire sonore, imité aussitôt par ses officiers les plus proches. À ma grande surprise, il me demande de le palper pour vérifier par moi-même. Je constate qu'il n'en porte pas.

J'entreprends alors de lui poser des questions politiques. Il me prend par le bras et m'entraîne vers un immense hall. Nous allons parler plus d'une heure sous l'œil de la caméra de Michel Parbot qui nous précède en marchant à reculons.

Saddam Hussein est intarissable. Son pays est sous la menace d'une guerre et il semble avoir tout son temps. C'est même moi qui, au bout d'un moment, lui suggère d'arrêter l'entretien. Mais il poursuit la conversation, inlassablement. Quand je lui explique pourquoi on le compare à Hitler en Occident, il ouvre de grands yeux mais continue à deviser.

C'était un moment très intense. J'avais la sensation de marcher sur un fil. À tout instant les choses pouvaient déraper. Saddam Hussein était réputé pour ses colères légendaires, il pouvait faire de nous ce qu'il voulait. Il avait bien fait exécuter, le mois précédent, un journaliste britannique qu'il avait qualifié d'espion. Mais, dans le même temps, Michel Parbot et moi étions très excités, persuadés de tenir là un scoop mondial, la première interview de Saddam Hussein depuis l'invasion du Koweït. Mon confrère de *CBS*, Dan Rather, n'en obtiendra une que le surlendemain, et mon ami d'*ABC*, Peter Jennings, plus tard encore.

Mais, très vite, nous avons dû déchanter. Juste après le départ de Saddam Hussein, une nuée de soldats s'abat sur nous ; le ministre de l'Information nous confisque les cassettes en précisant que nous les récupérerons au siège de la télévision irakienne. Pendant huit heures, nous avons essayé de retrouver le bureau où les hiérarques du régime s'étaient réunis, puis nous avons fait les cent pas, attendant qu'on nous restitue le fruit de notre travail, sans savoir au juste ce que trafiquait la censure avec notre matériel.

Nous passions par des hauts et des bas. L'heure du JT approchait, et toujours pas de cassettes ! Puis l'heure fatidique passa. Demain, peut-être, espérions-nous. Mais l'inquiétude nous gagnait. Qu'allait-il rester de ce si long entretien ? Allaient-ils seulement nous rendre quelque chose ?

Finalement, en début de soirée, on nous restitue une copie sans nous autoriser à en vérifier le contenu. On nous annonce également que nous devons quitter le pays dès le lendemain. À l'aube, nous décollons pour Amman, capitale de la Jordanie. Notre avion aura été le dernier à quitter le sol irakien.

SR : À Amman, vous vérifiez le contenu de la cassette. Tout y est sauf votre première question et la réponse qu'y a faite Saddam Hussein. Pourquoi cette partie-là a-t-elle été censurée, à votre avis, et que disait-elle ?

PPDA : C'était la question portant sur son manque de courage, sur sa façon de s'abriter derrière des femmes et des enfants transformés en « boucliers humains ». J'avais été volontairement provocateur pour obtenir quelque chose de lui. Le résultat avait été au-delà de mes espérances. Mais aucun dirigeant, arabe ou pas, n'aime être pris en défaut sur les questions d'honneur ou de courage. En l'occurrence, ma question avait revêtu pour lui une forme agressive.

SR : Là encore, à votre retour à Paris, alors que vous avez été félicité pour ce scoop par la presse anglo-saxonne, vos confrères parisiens se montrent moins fair-play. Ils vous reprochent une nouvelle fois les relations de Bouygues avec l'Irak.

PPDA : C'était effarant ! Sitôt l'avion atterri, dans le taxi, j'écoute la revue de presse d'Ivan Levaï sur *France Inter*. Les journaux qu'il avait sélectionnés canonnaient à l'arme lourde : « La chaîne de Bouygues a profité de ses bonnes relations avec les Arabes pour interviewer l'émule de Hitler ! » Entre bien d'autres commentaires du même tonneau… Il est étrange que l'on n'ait pas rappelé à l'époque que l'État français et ses représentants successifs avaient, des décennies durant, entretenu les meilleures relations avec Saddam Hussein et son régime. Les chaînes publiques, qui dépendent de l'État, ne semblaient pas s'en être offusquées. Aurait-on eu aussi l'idée de critiquer la *Cinq* parce que le groupe Lagardère avait vendu des Exocet aux Irakiens ? Ivan Levaï y allait de son propre commentaire : à l'en croire, lui-même n'aurait au grand jamais interviewé Saddam Hussein. Six mois plus tard, il le ferait à son tour…

Malgré ces mesquineries et ces petites jalousies, je peux vous dire que j'ai personnellement vécu là un moment très fort. Ce n'est pas tous les jours qu'on est confronté à des choix qui permettent de tester son propre courage. Pour sauver Florian, j'avais agi à l'instinct. Plus tard, un parlementaire a osé dire que la mission d'un journaliste n'est pas de sauver des vies humaines. Non seulement je ne regrette pas mon geste, mais j'en suis fier. Pour moi, c'était une belle victoire sur nos petites et nos grandes peurs. Je me suis souvenu une fois encore de mon grand-père : trop âgé, infirme, il n'avait pu participer à la Résistance, mais il était fier d'avoir aidé son ami juif, le docteur Segal, dont je vous ai déjà parlé. Il me disait : « Cet acte si simple m'a été reproché par beaucoup de gens, dont la concierge qui craignait que l'immeuble fût surveillé. Les voisins ne voulaient pas avoir d'ennuis et préféraient se boucher les yeux et les oreilles. » On sait où conduit ce genre de comportement, quand on détourne le regard pour ne pas savoir, pour ne pas agir. Mon père qui, lui aussi, a fait une guerre très courageuse après avoir fui les recruteurs du STO, m'a toujours enseigné qu'il fallait en toutes circonstances pouvoir se regarder dans une glace.

Ce qui m'a rendu heureux et même fier d'appartenir à la race des humains, ç'a été la qualité des remerciements des parents de Florian. André et Karoline Barbut m'ont demandé de devenir son parrain. Nous l'avons baptisé en l'église orthodoxe de la rue Daru, en compagnie des deux pilotes et de mes compagnons d'aventure. Tous avaient la larme à l'œil. Florian a ensuite suivi sa mère, qui vivait à Moscou, mais que j'avais très régulièrement au téléphone, bien plus souvent que son mari dont elle divorça. L'année de ses dix ans, nous avons déjeuné ensemble à *TF1*, la veille de Noël.

Quelques jours plus tard, ils furent victimes d'un terrible accident de voiture. Florian est mort, parti rejoindre Tiphaine et Solenn. Sa disparition m'a profondément atteint. À quoi cela avait-il servi de le sauver en l'exfiltrant d'Irak ? Je pense à lui très souvent.

SR : Certains commentateurs, on l'a vu, ont assimilé Saddam Hussein à Hitler. Si, vivant à l'époque, vous aviez eu la possibilité d'interviewer Hitler, l'auriez-vous fait ?

PPDA : Bien entendu. Je crois d'ailleurs qu'une journaliste française l'a fait, avant-guerre : Geneviève Tabouis.

SR : En fait, le seul « grand » qu'il vous reste à interviewer, c'est Oussama Ben Laden, considéré comme le Diable par les Américains. Peut-on interviewer le Diable ?

PPDA : Il paraît qu'on peut dîner avec le Diable à condition de se munir d'une longue cuillère. Si l'on peut dîner avec lui, on peut tout aussi bien l'interviewer… Mais il me semble que l'on ne mesure pas la qualité d'un journaliste au nombre de ses interviewés, ni à leur rang. Elle se jauge bien davantage à ses audaces, à ses remises en cause, lorsque tout semble trop facile. Comment me serais-je comporté pendant la guerre ? La réponse me paraît aller de soi, mais j'ai besoin d'être sûr. Pourquoi ai-je eu si souvent de la chance, professionnellement parlant, et notamment à Beyrouth, pendant la guerre, lorsque l'hôtel que je venais de quitter quinze secondes plus tôt avec mon ami Roger Auque a été entièrement mitraillé ? Pourquoi est-ce lui qui a été enlevé le lendemain – et détenu pendant huit longs mois ? Pourquoi pas moi ? Nous enquêtions alors pour le même journal, *Paris-Match*, sur la disparition de notre confrère de l'*Événement du Jeudi*, Jean-Paul Kauffmann. Aurais-je eu en pareil cas sa force de caractère ou l'humour de Florence Aubenas ? Ces questions sont les seules qui vaillent, mais je n'aime pas les fiers-à-bras qui font trop étalage de leurs certitudes. Plus encore qu'un autre, il faut douter pour faire ce métier. Douter et aimer son prochain.

Je relis la transcription de mes conversations avec Serge. C'est un journaliste exigeant, qui a besoin d'être en empathie avec son sujet, mais qui ne « passe » jamais rien à ses interlocuteurs. Si mal placé que je sois pour le juger, il me semble que ce travail est honnête, au plus près de l'homme public et aussi indiscret qu'il puisse être avec l'homme privé.

Et pourtant, à le relire, à me relire, j'ai le sentiment que mon existence ne peut se résumer à ce petit rectangle dans lequel je m'ébats depuis tout juste un quart de siècle. C'est mon métier, certes, et je crois l'exercer avec passion, mais ce n'est pas ma vie. Je regarde peu la télévision, je sais l'attraction qu'elle exerce sur nombre de mes contemporains, je n'ignore pas non plus le flux de fascination et le reflux de la répulsion qu'elle déclenche, comme la lune sur les marées. Curieusement, je me sens en dehors de ces phénomènes. Et pourtant, je suis moi-même un phénomène, me dit-on, parce que j'apparais tous les soirs dans la lucarne. Image un peu lisse, forcément, comme repassée pour ne pas avoir de plis et ne pas dépasser du cadre. Une contenance, une maîtrise de soi un peu artificielle, un vocabulaire châtié ou retenu. Tout cela est vrai, comme l'est tout rôle public. Mais, est-ce la seule représentation de soi ? Non, bien sûr.

En parcourant ces années revisitées par Serge Raffy, je ne puis m'empêcher de repenser au petit garçon que je fus et dont il paraît qu'il ne m'a jamais vraiment quitté. L'enfant curieux du monde, surtout de celui que les livres lui avaient appris, mais angoissé à l'idée de se frotter à lui. Trop sauvage sans doute, maladivement timide, ne sachant comment parler à un camarade de son âge, et encore moins à un adulte. D'où, m'a-t-on souvent dit, une forme d'insolence, contenue d'abord dans le seul regard.

Mais cette position d'observation m'a aussi valu de pouvoir balayer des yeux tout ce qui gravitait autour de moi : les femmes, les hommes, les paysages, les choses. Ce faisceau lumineux, à l'image de celui d'un phare, s'est aussi souvent arrêté sur l'homme dont il a été question dans ce livre : a-t-il au fond été fidèle à ce petit garçon dont il est issu ? Oui, je le crois. Cela m'a permis de ne jamais mépriser autrui, comme me le demandait mon père, ni de sous-estimer quiconque, comme me l'a enseigné ma mère. Ma mère qui me disait que toute lettre méritait une réponse (les téléspectateurs peuvent lui dire merci !), et que tout rendez-vous, même le plus désagréable, devait être honoré. Ma grand-mère maternelle, elle, m'a appris qu'il n'y a pas de plus belle qualité que la bonté, et son mari, le poète, ajoutait en souriant dans sa barbe : « Si, l'intelligence. » Disons donc l'intelligence du cœur et nous serons quittes ! C'est pourquoi j'aime l'humilité, quand elle n'est pas feinte, et l'attention aux autres. J'aime aussi l'orgueil quand il permet de se dépasser, de s'imposer des défis en apparence irréalisables. Tout enfant doit vivre de rêves et vivre ses rêves. J'ai eu la chance d'en vivre beaucoup.

Patrick Poivre d'Arvor.

TABLE DES MATIÈRES

Œuvres de Serge Raffy

Les Enfants de Gaston, Lattès, 1989.
La Veuve, Fayard, 1994.
Monsieur Gendre, Fayard, 1995.
Lignes de fuite, Pauvert, 1999.
Jospin. Secrets de famille, Fayard, 2001.
Castro l'infidèle, Fayard, 2003.
La Piste andalouse, Calmann-Lévy, 2005, Prix du Livre Europe 1.

Impression réalisée sur CAMERON par
BRODARD ET TAUPIN
La Flèche

pour le compte des Éditions Fayard
en septembre 2005

Imprimé en France
Dépôt légal : septembre 2005
N° d'édition : 64521 – N° d'impression : 31731
ISBN : 2-213-62438-0
35-57-2638-1/05